U0954438

译文坐标

纳粹“骗局”与紧急状态条款

ナチスの「手口」と緊急事態条項

〔日〕
长谷部恭男 石田勇治
|
著

毕梦静
|
译

上海译文出版社

目 录

前言

为了看清“宪法问题”的本质

石田勇治

日本时任副首相兼财务大臣麻生太郎曾在围绕日本修改宪法一事的演讲（2013 年 7 月 29 日）中提到：“我们也学习一下这种骗局，怎么样？”本书书名中“纳粹骗局”这一表达也来源于麻生所说的这句话。那么，麻生在这次演讲中说了什么呢？让我来引用一下其演讲的核心内容。

在德国，希特勒是利用民主主义在议会中获得了多数席位而上台的。大众普遍认为，希特勒是通过军事力量掌握了政权，然而事实并非如此。实际上，希特勒是通过选举被选出来的，是德国国民选择了希特勒。请大家不要搞错这一点。此外，希特勒是在《魏玛宪法》这一当时欧洲最先进的宪法之下被选出的。在宪法完备的情况下，这种事情是有可能发生的。（省略中间部分）

人们在某一天突然意识到，《魏玛宪法》在不知不觉间已经变成了“纳粹宪法”。宪法就这样在谁都没有注意到的情况下发生了变化。我们也学习一下这种骗局，怎么样？大家不要吵。因为我们的宪法正在变成真正对大家都有益和大家都能认可的宪法。

我完全没有想要在这一意义层面上否定民主主义，但是，我也曾反复说过很多次，我不希望在大家对此议论纷纷的状态下作出决定。

演讲结束后，麻生太郎受到了来自国内外的严厉批判。他辩解称“是我的发言让大家产生了误解”，随后撤销了这一发言。但是，他并没有充分地说明自己真实的想法。那么，就让我试着根据其演讲的逻辑来详细说明一下麻生所说的“我们也学习一下这种骗局，怎么样？”这句话中“这种骗局”的含义。

据麻生所言，《魏玛宪法》在“在议会中获得了多数席位”且“通过选举被选出来”的希特勒的影响下，在“谁都没有注意到”的情况下发生了变化。而且，变成了“对大家都有益和大家都能认可的宪法”。如果真是这样的话，自民党也是通过选举获得议会多数席位而掌握政权的，所以在这种情况下，如果自民党能推动宪法修改，使如今的宪法变成有益于国民的宪法，之后再让国民们意识到这件事，不是很好吗？这才是在当今日本想要修改宪法的人应该向纳粹学习的政治手段，不是吗？

关于麻生这一可笑的发言中所包含的几处与史实相

关的错误，大家在阅读完本书第一章之后就会立刻清楚。不过，“不要吵”“我不希望在大家对此议论纷纷的状态下作出决定”这类言论，无论怎么看，都无法让人觉得他能够正确地认识到“国民 = 主权者 = 宪法制定权者”这一事实。

而且，从魏玛民主制过渡到纳粹独裁，绝不可能是在安静地、“大家都能认可”的状态下进行的。比如《授权法》(“全权委任法”)这一臭名昭著的法律，它就是纳粹采取言论限制和国家恐怖主义等措施强行使之确立的。在这样一部法律的制定过程中，究竟哪里有值得我们效仿的地方？国际社会对这次演讲投以批判和疑惑的目光，也是理所当然的吧。

希特勒为了架空《魏玛宪法》、为树立独裁体制开辟道路，滥用了《魏玛宪法》第四十八条中所规定的“总统紧急措施权”。这项权力相当于 2012 年 4 月自民党所发表的宪法修改草案的核心内容之一——“紧急状态条款”。

希特勒在这项权力的帮助下，披着合法的外衣，在短时间内建立起史上前所未有的强有力的独裁体制。

为了敲响警钟、看清自民党企图“修改宪法”(改变国体)的本质，我们必须知晓“纳粹骗局”和紧急状态条款。

这次，我有幸与宪法学的权威长谷部恭男先生对谈，也因此获得了从德国宪政史的视角探讨当今日本的各种问题的机会。我很期待这次讨论。如果我们的讨论能让大家感受到从日本政治中心发出的“应该学习一下这种骗局”这一言论的恐怖之处，同时也能让大家领略到现代史的奥妙，我将不胜荣幸。

第一章 紧急状态条款是“纳粹骗局”

——知晓总统紧急令与《授权法》

■ 紧急状态条款的真面目

石田：在本书中，我想针对改宪问题，特别是成为讨论焦点的紧急状态条款的危险性进行思考。长谷部先生，请您多多关照。

长谷部：我才是需要您多多关照。在这次讨论中，我会从德国近现代史的视角出发，重新审视紧急状态条款。而您一直以来都对纳粹思想、体制以及其政治宣传的真实情况颇有研究。因此，我非常期待和您一起讨论这个话题。

石田：自民党想要推动宪法改革，其修改宪法的重点之一就是紧急状态条款。但遗憾的是，许多人并不清楚紧急状态条款究竟是什么，又有着什么样的历史背景。

长谷部：作为讨论的前提，我们先来确认一下自民党在 2012 年发表的宪法修改草案中的紧急状态条款的大致框架。

当然，我并不清楚自民党最终是否能按照该草案推动宪法修改，不过他们是将其作为目标的。

石田： 简而言之，当有严重事态发生时，一旦首相认定“这是紧急状态”，内阁就可以不经过国会的审议，发布与法律具有同等效力的政令、增加或减少财政支出、让地方自治体服从命令。而且,国民也必须遵从这一指示。

长谷部： 自民党是想将这一内容加入到现行的《日本国宪法》中。关于这一条款的详细内容，我们会在第四章进行讨论。如果有读者想要先阅读具体的改宪草案，可以先阅读第 139 页。

自民党改宪草案的紧急状态条款中存在着一个很大的问题，即对于基本人权的态度。关于基本人权，宪法上的规定是“必须最大限度尊重基本人权”。但这句话也暗含了“根据情况，基本人权会受到限制”之意。因为还有一条规定是“公民必须遵从国家以及其他公共机构的指示”。

自民党为什么想要在宪法中加入这样的条款呢?

在自民党的改宪草案中，还附上了“Q&A”这种一问一答形式的解说书。解说书中写道：“基于对政府在东日本大地震中所采取的应对方案的反省，我们在宪法中明确规定了应对紧急状态的机制。”

石田：这一草案颁布于 2011 年东日本大地震之后的第二年。“所谓紧急状态条款，举例来说，就是当国家有大灾难发生时，能够让国家领导人发挥领导力的机制。”在我的记忆中，我曾经听到过很多次推动宪法修改的人对此进行了这样的说明。

长谷部：应该有许多人在听到这样的说明之后，会觉得“原来如此。如果是这样的话，也许这么做是必要的”。在对自民党修改宪法持积极态度的人中，有一部分人认为，添加紧急状态条款这件事受到的舆论抵制较少，不妨将其作为修改宪法的第一步。实现了这一目标也就奠定了日后修改宪法的第一座里程碑。

但是，“将给予首相和内阁广泛权限的紧急状态条款写入宪法”和“在紧急情况下颁布类似《灾难对策基本法》这种制定具体应对措施的法律”，其意义是完全不同的。

在本书中，我希望大家能通过了解二战前的德国，即《魏玛宪法》下的德国发生了什么，来试着思考紧急状态条款的含义。

■“纳粹骗局”是什么？

石田：2013 年，时任日本副首相兼财务大臣的麻生太郎针对修改宪法一事，提出“学习一下（纳粹）这种骗局，怎么样?”，这件事在当时被媒体大肆报道。

具体来看，麻生声称：“希特勒是利用民主主义在议会中获得了多数席位而上台的。”此外，麻生还说道：“人们在某一天突然意识到，《魏玛宪法》在不知不觉间已经变成了‘纳粹宪法’。……我们也学习一下这种骗局，怎么样? ”先暂且不谈麻生的这番话中包含了多少真心，毋庸置疑的是，作为企图修改《日本国宪法》的国家领导人，麻生非常清楚被希特勒所葬送的《魏玛宪法》的命运。

长谷部：是啊。而且，在《魏玛宪法》逐渐被纳粹支配的过程中，正是相当于紧急状态条款的东西发挥了巨大作用。

石田：所谓“纳粹骗局”究竟是什么? 我希望读者们在阅读本章之前能先思考一下这个问题。在此之前，我想先指出我在麻生的发言中发现的几个流传至今的误解。

长谷部：您所说的是哪些误解呢?

石田：其中之一是“希特勒是通过选举，即顺应民意所诞生的独裁者”这一言论。

长谷部：我经常听到这种说法，说是德国的普通民众选择了希特勒。

石田：是的。这种说法并非完全错误。纳粹党确实是因其群众基础而发展壮大起来的。但是，希特勒并不是因为在选举中获胜以及纳粹党在议会中获得了多数席位而成为了总理。

我发现许多人对于纳粹党的印象是其“在德国国民的狂热支持下，击败了当时原有的政党和当权者，从而获得了政权”。但是，实际上，在希特勒即将成为总理之前的 1932 年 11 月的德国国会选举（投票率 80.6%）中，纳粹党所获得的议席数仅占总议席数的 33.1%。虽然希特勒政权是作为纳粹党以及保守派的国家人民党的联合政权而建立起来的，但在当时是仅占德国国会议席数四成的“少数派政权”。

长谷部：这样看来，很难说是获得了国民压倒性的支持啊。

石田：是的。尽管如此，希特勒之所以能坐上总理的位置，是因为有一种不同于民意的力量在发挥作用。这也是本章的主要着眼点。希特勒政权的建立过程与《魏玛宪法》的紧急状态条款密切相关。

那么，我们为什么会有“德国国民热切盼望希特勒政权诞生”的这种印象呢？我认为这与当时的政治宣传密不可分。

纳粹党将党首希特勒成为总理这件事称为“国民

革命”，希特勒也将自己的政府称为“全体国民选出的内阁”。

长谷部：明明国民支持率连六成都没达到，却给人一种“在全体国民的支持下获得了政权”的印象。

石田：是的。当时刚建立起来的希特勒政权充其量是“右翼统一政府”。希特勒将自己的政府称为“全体国民选出的内阁”，其目的是想让自己的政权基础看起来比实际更加庞大，向党内党外宣扬“新时代的开始”。“夺取权力”“掌握政权”等词也只是在这一时期内惯用的“纳粹用语”。

在如今的德国，人们已经充分了解了这件事情背后的真相，那些“纳粹用语”也不会再在不加引号的情况下被使用。然而在日本，当时的政治宣传所赋予大众的印象还没有得到修正,还萦绕在许多人的脑海之中。因此，我希望读者们能意识到，你们对于希特勒和纳粹时期的德国所持有的印象很可能是当时的政权想灌输给你们的印象，真相很可能与实际情况相差甚远。我希望大家阅读本书时能意识到这一点。

长谷部：针对您刚才所说的内容，我注意到一件事。当时魏玛共和国的选举制度基本上是纯粹的比例代表制。因此，从纳粹党的议席在德国国会约占三成这件事上可以看出，纳粹党在实际参与投票的选民之中所获得的支持率也是三成左右。

另一方面，当今日本是什么样的情况呢？无论是2014年的众议院总选举，还是2016年的参议院通常选举，其投票率都刚刚超过五成。在这种情况下，自民党和公明党作为执政党，两党加在一起的得票率还不到五成。也就是说，不管是自民党本身还是两党联合，在全体选民中的得票率都不到三成。

但是，日本众议院议员的选举制度是小选举区比例代表并立制[1]，小选举区制会在很大程度上影响各政党获得的议席数。基于这一原因，执政党在两院所占议席数才超过了半数。然而，即便事实如此，执政党却还在不断宣扬“我们是通过选举而接受了国民的委托”。

石田：也许可以说，如今的自民党和公明党比独裁前夜的纳粹党更加过分。他们与“得票率 = 民意”这一原则背道而驰，将“议席占有率 = 在议会的权力”奉为真理。

1 小选举区比例代表并立制：是将小选举区制与比例代表制融合在一起的选举方式。小选举区制是指国会选举时划分出与议员定员数相同的选举区，每个选举区选出一名当选者的选举制度；比例代表制是指根据各政党的得票数，将议席分配给候选人的选举制度。每个小选举区只产生一名众议员，同时将全国再分为若干个大选举区，以比例代表制方式产生若干名议员。在并立制的情况下，选民在一次选举中同时填写两张选票，一张投给小选举区的某候选人，另一张投给大选举区的某政党，政党再按获票比例赢得当选名额。

■ 因 1929 年的大萧条而无法充分发挥作用的德国国会

石田：从这里开始，我想大致回顾一下希特勒政权是如何诞生的。

1919 年开始施行的《魏玛共和国宪法》确立了代议制民主主义和议院内阁制。通过选举选出国会议员，然后由占据多数议席的执政党组成内阁。可以说这种模式与现在的德国和日本基本相同。

另一方面，总统由国民直接选出，《魏玛宪法》给予了总统很大的权限。总统的任期长达七年。总统是对外代表德国的国家元首，有权任免总理和内阁、解散国会。但是，由于魏玛共和国采用的是议院内阁制，所以，总理和内阁部长都必须赢得国会的信任。而且，国会可以通过国民投票来罢免总统。

《魏玛宪法》的特点在于国会和总统的二元主义。联邦议会体现的是间接民主制，总统则体现的是直接民主制。国会与总统互相牵制，在这两者保持平衡的状态下，由总理制定国政方针。这可以说是民主政治的理想形态。

长谷部：这就是宪法学者所说的“半总统制”。现在也还有许多国家采用这一政体。

比如《法兰西第五共和国宪法》规定的政治机构就

属于此类。总统和国民议会的议员都由选民直接选出，总统所任命的政府对国民议会负有政治责任。除法国外，韩国、奥地利、爱尔兰、冰岛、芬兰，以及包括俄罗斯在内的东欧各国中，也有采用这种半总统制的国家。不过，这种体制实际的运作方式会根据国家和时代的不同而有所差别。有的国家是政府掌握实权，有的国家则是总统掌握实权。

石田：但是，在魏玛共和国，总统与国会之间所保持的理想状态的平衡以 1929 年发生的大萧条为契机开始土崩瓦解。

首先失常的是国会。1930 年，纽约华尔街的大萧条开始影响到德国。德国失业人数骤增，社会不安加剧。政党间的意识形态对立和利害关系对立逐渐激化，各政党越来越难以在国会达成一致。

长谷部：这样说起来，魏玛共和国的时代其实是新旧价值观发生冲突的时代。

例如，共产主义也是在这一时期迅速地积聚了力量。《魏玛宪法》颁布于 1919 年，也就是德意志第二帝国因为第一次世界大战而宣告灭亡的第二年。与此同时，1917 年，俄国爆发十月革命；1922 年，苏联成立。

石田：在这一时期，虽然德国确实是共和制国家，但是在旧帝国时代拥有权力的那些人还仍然在社会各处行使其权力。魏玛共和国时代可以说是“虽然没有了皇帝，但将军们留了下来”的时代。旧体制支持派和共和国支持派之间的对立日益严峻。

此外，还存在着想要增强共和国政府（柏林）权限的中央集权派与对此持反对意见并且想要夺回地方（州）主权的巴伐利亚等分立派、分权派之间的对立。而且，在经济方面，还存在着自由主义与保护主义之间的对立。

从 19 世纪末开始，德国作为“第二国际”的指导国而广为人知。在这一时期，德国工会运动的力量也十分强大，被称为欧洲第一。

长谷部：这是因为资本家、中产阶级、劳动者等各社会阶层的意识形态和利害关系发生了激烈的碰撞。

石田：尽管如此，1924 年到 1929 年是魏玛共和国相对稳定的时期。在这一时期，各党成功地进行了合作，形成了多数派。社会民主党成为支柱，与代表天主教的中央党，代表自由主义、知识阶层的民主党以及对经济持保守态度的人民党组成了“大联合政权”。

然而，大萧条的出现却断送了各党合作的气运。

进入 20 世纪 30 年代后，作为立法机关，德国国会已经无法再充分地发挥作用了。与此相对，总统的地位却变得越来越重要。

■ 使议会制民主主义土崩瓦解的总统紧急令

石田：魏玛共和国末期（20 世纪 30 年代初）的总理按照其就任顺序依次是：布吕宁、巴本、施莱歇尔。这三位都是在德国国会中没有获得多数支持的少数派政权的总理。

希特勒在 1933 年 1 月成为总理时的情况也是如此。在这种情况下，他们之所以能对国家政治发挥作用，是因为拥有巨大权限的总统在其背后支撑着政权。这就是所谓的“总统内阁”（Präsidialkabinett）。

当时的总统是保罗·冯·兴登堡，他是从魏玛末期到纳粹独裁统治成立期间的德国政治的关键人物。兴登堡出生于 1847 年，曾经是德意志帝国的陆军元帅。同时，他也是在著名的坦嫩贝格战役（第一次世界大战中德国的首战）中击败俄军的英雄。

长谷部：如果是这样的话，兴登堡意识形态上的立场就是我们刚才所说的旧体制支持派，也就是德意志的帝政乡愁派。

石田：是的。他是一名帝政（帝王政治）主义者，他十分看重与德意志帝国同时灭亡的普鲁士王国的历史和传统。他在 1925 年时已经接近八十高龄，却还是在总统选举中作为中道保守势力而当选。与此相对，他的上一任艾伯特总统则是劳动者阶层出身的社会民主党成员。可以说，兴登堡总统的上台是使魏玛共和国的政治方向发生变化的最初契机。

兴登堡虽然表面上发誓会忠诚于《魏玛宪法》，但是他并没有发自内心地支持宪法所规定的议会制民主主义。倒不如说，他将议会看作“群氓政治”的场所，而他所追求的则是可以取代议院内阁制和政党政治的一种权威主义的统治方式。

从这里开始是正题。在大萧条背景下的1930年7月，当时的布吕宁政府向国会提出了以增加税收和通货紧缩为基调的财政重建法案，却因为被多数人反对而遭到了否决。然而，兴登堡却以总统紧急令的形式公布了这一法案。于是，当时的最大在野党社会民主党提出立即废止这一总统紧急令的动议，国会以微弱优势通过了这一动议。然而，兴登堡总统却因为反对国会这一决定而解散了国会，之后，他又对先前提出的总统紧急令（财政重建法案）进行了若干修改，然后重新公布了这项总统紧急令。

长谷部：该怎样评价兴登堡的这种做法呢？在《魏玛宪法》中，总统被赋予了以下三种权限，即总理和内阁部长的任免权（第五十三条）、国会的解散权（第二十五条）、危急时刻的紧急措施权（第四十八条）。

基于紧急措施权而发出的命令就是总统紧急令。具体来说，是基于下文中附上的《魏玛宪法》第四十八条。这就是相当于现在成为热门话题的紧急状态条款的东西。

《魏玛宪法》第四十八条

（一）当组成魏玛共和国的各州没有履行共和国宪法或法律所规定的义务时，共和国总统有权使用武力强制其履行义务。

（二）在魏玛共和国内，当公共安全及秩序受到严重扰乱或存在这种可能性时，共和国总统可以为恢复公共安全及秩序而采取必要措施。在必要时，可以使用武力。为达此目的，共和国总统可以临时停止第一百一十四条（人身自由）、第一百一十五条（住宅不受侵犯）、第一百一十七条（通信秘密）、第一百一十八条（言论自由）、第一百二十三条（集会自由）、第一百二十四条（结社自由）以及第一百五十三条（所有权的保护）中所规定的基本权利的全部或一部分。

（三）共和国总统在基于本条第一项或第二项采取措施时，必须立即向国会汇报。若国会不同意，则必须废止该措施。

（四）在危急时刻，各州政府可以在其领域内采取第二项所规定的临时措施。若共和国总统或国会不同意，则必须废止该措施。

（五）详细规定参照国会制定的法律。

这个紧急措施权是非常强有力的。

从第二项来看，共和国总统可以为恢复公共安全及秩序而采取必要措施。在必要时，可以使用武力介入等。此外，总统可以临时停止人身自由、住宅不受侵犯、通信秘密、言论自由、集会自由、结社自由、所有权的保护中所规定的基本权利的全部或一部分。

石田：是的。我们现在看来，这个第二项的内容可以说是臭名昭著。它给予了总统巨大的权限。为了在一定程度上限制总统，第四十八条第三项规定了国会对抗总统紧急令的手段，即共和国总统在基于第一项或第二项采取措施时，国会可以要求废止该措施。这是在确保总统与国会之间权力的平衡。

刚才说到的 1930 年 7 月兴登堡总统与国会的交锋，可以说正好验证了这项内容。此次交锋被认为是国会与总统之间发生了正面冲突。

长谷部：然而，兴登堡总统在面对国会的抵抗时作出了解散国会的决定。因为总统拥有解散国会的权限，所以，到此为止都是正常的流程。

石田：是的。但是，兴登堡在解散了国会之后，又重新公布了曾经一度被废止的总统紧急令。对于这件事，法学家们的批判声日益高涨，他们认为这种做法在宪法上存在疑义，社会舆论也对此进行了激烈的抵制。

然而，有一位公法学家却提出，总统紧急令本来就是为应对紧急状态（公共安全及秩序受到威胁等）而采取的措施，因此，可以将其作为法律的替代物而通用。这位公法学家就是卡尔·施米特。

■ 施米特对于议会制民主主义的绝望

长谷部：虽然施米特因为用法学理论拥护纳粹独裁而臭名远扬，但其实他也是一位很有意思的人物。

石田：如果总统紧急令成为了可以代替法律的东西，在此条件下，如果总理能让总统公布紧急令，总理就可以不顾国会的意见来处理国政。正因为总统希望其紧急措施权里拥有制定法律的权限，所以有人质疑国会存在的意义也是理所当然的。

长谷部：从如今生活在日本的读者们的视角来看，这种蛮横无理的事情是不可能被允许的。但是，当时的德国有其独特的政治背景和社会背景。虽然可能会有点儿绕远，但我还是来说明一下吧。

从第一次世界大战，再到 1870 年至 1871 年的普法战争，普鲁士所率领的德国各邦与法国交战。从那时起，欧洲各国的军事战略就发生了重大转变。这一转变可以说是最先从普鲁士开始的。

要说是什么样的转变，那就是在此之前有钱人可以通过缴纳金钱来代替参军入伍，在这种情况下，只有贫困阶层的人会被招募参军。然而，在军事战略发生转变之后，这样的征兵制度也不复存在。取而代之的是要求所有男性参军，打造出一支经过严格训练的庞大军队来投入战争。当时，“在重火器的精度不断提升的条件下，使用数量庞大的兵力，在避开与敌军近距离接触的同时，包围敌军，给予其毁灭性打击”这一军事战略成为了主流。这是当时普鲁士的总参谋长（老）毛奇所想出的战略。

这样一来，所有国民都不知道自己什么时候会被送往前线。在这一背景下，有两个法律制度应运而生。其中之一就是普遍选举制度。

石田：总而言之，因为战争归根到底也是一种政治手段，所以当国民不知道自己什么时候就会被送上战场时，他们产生“给我们政治发言权”这种想法也是理所当然的。

长谷部：与此同时，还出现了想让政府完善社会保障和社会保险制度的动向。曾经，俾斯麦所领导的德意志第二帝国是社会保险制度十分完善的国家。如今，既然每个国民都不知道自己什么时候就会被派上战场，国家就必须尽可能无差别地提升全体国民的福利。这就是这一政治目标被提出的前因后果，也就是所谓的国家福利政策。

为实现这一政治目标，应该采用什么样的政治体制呢？是议会制民主主义？还是共产主义？还是法西斯主义？

实际上，当时有许多人认为“议会制民主主义已经没有未来了”。就像石田先生所指出的那样，在当时的议会中，各政党相互抗衡，社会和经济上也存在着多种利害关系。国家很难在统一全体国民意见的基础上实现全体国民的福利。由于议会制民主主义承认政治体制的多元性，所以实际上，其自身内部就存在着矛盾与分裂。于是，当时的人们开始思考，要想实现“统一国民意见，明确并提升全体国民‘真正利益’”这一目标，是该选择将“阶级”作为判断标准，实现国民意见统一的共产主义，还是该选择将“民族”作为标识，实现国民利益一体化的法西斯主义。

将这种思考方式极具代表性地展示出来的就是卡尔·施米特的著作《当今议会制的思想史状况》（1923年出版）。在这本书中，施米特明确表明，以议会为中心的政治已经结束了。他写道：“从今以后，是法西斯主义或共产主义的时代。因为它们能够贯彻‘统治者与被统治者的同一性’这一民主主义的理念。”

■ 结束了名门望族的统治之后，大众政治的局限

石田：议会制的诞生可以追溯到 19 世纪名门望族统治的时代。当时，人们会选择拥有一定财富的名士为议员，名士们在被选为议员之后，彼此之间相互勉励切磋，共同成长，成为了日后的领导者。这一流程往昔是可以正常运作的。

与此相对，大众民主诞生于第一次世界大战这一总体战之后，其本身就还在蹒跚学步的阶段。进入大众民主时代之后出现了一个问题，那就是能否在全体国民都参与其中的选举中选出真正优秀的领导者。有许多人对此表示怀疑，认为国民一边被不靠谱的大众媒体宣传、政治流言所迷惑，一边还要选出领导者。“这样做真的没问题吗?”

长谷部：不一定拥有“财富和教养”的大众开始参与到政治中，组织型政党就此登上历史舞台。组织型政党募集选票和资金，制定政治纲领，进行权力斗争。让这些加入某一政党而当选的议员在公开场合讨论决定“真

正与国民公共利益相关的是什么”，这不就是逢场作戏吗？“堂堂正正地进行讨论，发现公共利益”之类的话，也只不过是场面话罢了。这是因为组织型政党变得强大之后，其党议约束[1]也会变强。因此，大众政治的时代不可能再像名门望族统治的时代那样，议员们在听完他人的发言之后，觉得“原来如此，我明白了”，并因此改变了自己的看法。取而代之的是，组织型政党的领导者们在秘密的房间里进行交涉与妥协，然后制定出政策。

与其这样，倒不如直接在大众面前以大家都能看见的形式来决定“公共利益是什么”，这样反而会比较好。例如，当高谈阔论的领导者提出自己的想法时，大家可以通过拍手喝彩来表示赞成。

石田：这并不是只在德国出现的现象。

在第一次世界大战之后，大多数参战国的政治体制都发生了改变，许多国家的政治体制都暂时变成了议会制民主主义。

但是没过多久，就像接连倒下的多米诺骨牌一样，民主主义也开始在各个国家依次覆灭，并被法西斯主义、军部独裁、权威主义等取代。

---

1 党议约束：日文原文为“党议拘束”，主要是指针对议会中的提案，要以该党整体的意见来预先决定是赞成还是反对，从而限制了党内议员的表决行动。

意大利的墨索里尼于 1922 年建立的法西斯政权可以说是无人不知无人不晓。除此之外，1925 年，希腊也发生了政变。1926 年，在波兰，毕苏斯基发动了五月政变，经过这场政变，波兰变成了军事独裁政权。同年，在葡萄牙也发生了军事政变，葡萄牙也由此变成了独裁政权。

希特勒政权诞生于 1933 年 1 月。至此，德国的议会制民主主义作为多米诺骨牌的最后一张牌也倒下了。紧接着，奥地利也在其总理陶尔斐斯的领导下转向了独裁体制。

长谷部： 日本也经历了大正民主。但在进入 20 世纪 30 年代后，在世界经济危机日益严重、国际关系紧张加剧的背景下，政党势力陷入了四分五裂的状态，并由此招致了军部的政治介入，从而陷入了僵局。之后又发生了五一五事件[1]和二二六事件[2]，由此，日本开始向着法

---

1 五一五事件：日本法西斯军人的武装政变事件。1932 年 5 月 15 日，以日本少数海军下级军官为主的队伍在东京发动政变，杀死首相犬养毅，企图迫使政府强化军国主义体制。暴乱平息后，成立了以海军大将斋藤实为首的内阁。

2 二二六事件：1936 年日本法西斯军人的武装政变事件。是年 2 月 26 日，在军国主义势力的策划和指挥下，少数“少壮派”军官率领 1400 名士兵在东京发动政变，杀死政要，要求实行“国家改造”、建立军事独裁。29 日暴乱被平息。其后成立广田弘毅内阁，日本更加法西斯化。

西斯主义迈进。美浓部达吉[1]的学说——“天皇机关说”[2]受到攻击是在1935年。

日本的这种动向与欧洲如出一辙。

石田：在德国，1930年7月，围绕着总统紧急令而产生的争论导致国会被解散。这件事发生在经济危机最严重的时候。而且，此时距离该届议会任期届满还有两年，所以，解散这一事态本应该被避免而且原本也是可以被避免的。

从解散前的德国国会势力分布来看，尊崇宪法的共和派占据了超过半数的议席。解散国会实属愚蠢之举。在此后展开的议会选举中，此前只不过是泡沫政党的纳粹党一跃成为第二大党。共产党也获得了许多选票，一举成为第三大党。从这时开始，通往“总统内阁”乃至

---

1 美浓部达吉（1873—1948）：日本法学家。东京帝国大学教授，学士院院士，贵族院议员。1935年被指控提出“天皇机关说”同“天皇主权说”相对抗，犯了“不敬罪”，被迫辞去议员职，次年又因此被刺负重伤。第二次世界大战后，历任宪法问题调查委员会顾问、枢密院顾问官等职。在日本宪法学上首先建立了现代宪法学体系。著有《宪法撮要》《行政法撮要》《日本国宪法原论》等。

2 “天皇机关说”：在《大日本帝国宪法》之下确立的宪法学说。它主张国家作为法人，拥有统治权；天皇作为日本国政府的最高机关之一，在以内阁为首的其他机关的辅弼下，行使统治权。该学说的主要倡导者为美浓部达吉。1935年，发生了天皇机关说事件，该事件是企图废除内阁军事权力的皇道派人士和企图夺取政权的在野党立宪政友会为打倒当时的冈田内阁而制造的事件。

纳粹独裁的道路就已经被开辟了出来。

■ 总统紧急令的滥用与德国国会的形骸化

石田：在 1930 年 9 月的这次选举中，纳粹党获得了 18.3% 的选票，共产党获得了 13.1% 的选票。

长谷部：此时的形势发展正如施米特所言。

石田：在此时的德国国会中，左翼和右翼的激进反对派势力都有所增强，议会审议反复被中断，政府的课题堆积如山，政府提出的每个政策都触礁搁浅了。

长谷部：也正因为如此，政府开始越来越依赖总统紧急令。

石田：是的。从 1930 年至 1932 年这三年德国国会所通过的法案数量来看，分别是九十八条、三十四条、五条，呈锐减趋势。与此相对，总统紧急令的数量分别是五条、四十四条、六十六条，呈直线上升趋势。在这一时期，内阁几乎完全是被总统的强大权限所支撑着，就像我们前面所提到的那样，被称为“总统内阁”。

长谷部：议会的形骸化使人们开始质疑其存在的意义。那么，现有政党是以何种态度来面对“总统内阁”的呢？

石田：比如，第一大党社会民主党，虽然是在野党，却接受了“总统内阁”。他们的理由让我感到有些意外，因为他们担心“如果在如今时机还不成熟的时候扳倒政府，可能反而会增强纳粹党的势力”。即使是资产阶级政权也比希特勒政权好。“为了阻止大恶，所以对小恶宽容”，这是社会民主党的官方看法。

长谷部：因此，“总统内阁”才会存续下来。

■ 命运般的选举——将纳粹党选为第一大党

石田：社会民主党这种犹豫不决的态度成为了劳动者阶层离开该党的主要原因之一。

在这一背景下，1932 年 6 月，布吕宁总理因为失去了兴登堡总统的信任而下台，代替他成为总理的是巴本这位不知名的地方政治家。也许是因为对于总统而言，这样的人物会更容易操控。

巴本是普鲁士州议会的议员，之前一直属于天主教党派的中央党，但并不是共和国支持派。包括他自身在内，其内阁部长大多是贵族出身。因此，媒体贬低其内阁为“男爵内阁”。除国家人民党之外，这一政权并没有在德国国会中拥有像样的政治基础。

在这一时期，虽然希特勒在同年春天的总统选举中败给了兴登堡，但是也获得了 37% 的选票，势头正盛。

虽然纳粹党在国会中仅占据 18% 的议席，但是，如果此时希特勒想要打倒政权，政府也会因此而陷入窘境。这是显而易见的事实。另一方面，社会民主党无法接受巴本的政治路线。

因此，巴本总理开始接近希特勒。作为纳粹党不提出内阁不信任案的交换条件，巴本满足了希特勒的要求，决定解散国会，即使此时距离该届国会任期届满还有两年。

长谷部：对于希特勒来说，现在的纳粹党势头正盛，这是一个不容错过的机会。

石田：的确是这样，1932 年 7 月 31 日举行的德国国会选举成为了决定命运的选举。纳粹党的得票率倍增，获得了 37.3% 的选票，一跃成为第一大党。共产党的得票率也上升到了 14.3% 。这次选举的结果极具冲击性，纳粹党和共产党的议席数加起来超过了半数。

长谷部：前面也提到过，纳粹党和共产党是分别从左右两极攻击议会制民主主义的势力。总而言之，可以将这两党称为在本质上是反议会、反体制的政党。在这两党所占据的议席数超过半数之后，国会就越来越无法发挥作用了。

■ 政权策划的《魏玛宪法》解体计划

石田：更麻烦的问题是，至关重要的总统紧急令也可能会在国会上被废止。从巴本总理的角度来看，虽然运作国会困难重重，但在总统的帮助下，还算能够勉强克服，现在可能连总统也无法发挥作用了。在这种情况下，兴登堡总统勉为其难地询问了希特勒是否想当副总理。但是希特勒没有答应他。“当个副总理有什么用？如果是总理的话，我还能接受。”就这样，希特勒拒绝了兴登堡。

在 7 月的选举之后，新一届国会一直没能召开。虽然《魏玛宪法》规定在选举后 30 日以内要召开国会，但如果召开国会，就可能立刻被人提出不信任案，政府也可能会因此而被迫辞职，所以拖到最后一刻，最终于 8 月 30 日当天举行了决定议长的会议。

之后，国会于 9 月 12 日召开了。议长是戈林（纳粹党）。这时，巴本总理却因为害怕有人会提出内阁不信任案而想要宣读总统署名的解散命令书。议长阻止了这件事，并通过了此前在野党提出的内阁不信任案。但此举被认为无效，国会就此解散。

在基于《魏玛宪法》的议会制民主主义被无视的过程中，鉴于当下是连总统紧急令都无法发挥作用的状态，政权内部进行了意味深长的讨论："现在已经是非常时期了。趁现在开始行使国家紧急权，如何？"总统紧急令是宪法中规定的国家紧急权，但这里提到的国家紧急权则是宪法中没有规定的、超出宪法范围的国家紧急权。

巴本总理和其内政部长所构思的计划是：在解散国会之后，不公布选举日程，在此期间，由总统宣布进入紧急状态，暂停实施《魏玛宪法》。他们计划在国会闭会期间，制定出代替现有宪法的"新宪法"，将议会制民主主义、议院内阁制、政党政治一网打尽。在青年保守派辩论家瓦尔特·肖特（Walter Schotte）所写的小册子《新国家》（1932 年出版）中，提到了设立基于职能身份国家论的上院、导入限制选举[1]等与魏玛民主制分道扬镳的内容。

长谷部：其实这就是兴登堡总统所探寻的权威主义的政治体制吧。

石田：是的。这一计划曾数次浮出水面，却一直没有被实施。从纳粹党的角度来看，反正自己的政党也被限制了，因此他们对此进行了激烈的反抗。在当时，纳粹党的冲锋队（SA）已经十分强大，即使动用警察和军

1　限制选举：指公民的选举权和被选举权受财产状况、民族、种族、性别、教育程度等条件限制的选举，与普遍选举相对。

队也难以镇压他们。所以，如果政府强行实施这一计划，很可能会导致纳粹党发起暴动。

这就是希特勒政权即将诞生之前的德国的情况。宪法被蔑视，政权内部开始讨论想要通过启用宪法中没有规定的国家紧急权来建立“新国家”。长谷部先生，您是怎样看待这件事的呢?

长谷部：毋庸置疑的是，宪法规定了总统和总理的地位及权限，而总统和总理只不过是以宪法的存在为前提的国家机关。因此，无论是什么样的国家紧急状态，总统和总理都不可能从根本上改变宪法结构。

所以可以说，这纯粹就是政变计划。

独裁的形态——“委任独裁”与“主权独裁”

长谷部：在思考这一情况时，我认为可以将卡尔·施米特的著作《独裁》(1921 年出版）作为参考。在这本书中，他提出了“委任独裁”与“主权独裁”的概念。说到“委任独裁”的概念，会让我想到罗马时代的独裁官。“委任独裁”实际上是指，当某种具有立宪性质的制度直面危机时，为应对危机，可以暂时将权力集中在某人或某团体手中；度过危机之后，就会恢复为原来那种立宪性质的体制。“委任独裁”的最终目的就是恢复为原来的体制。一般认为，魏玛共和国的总统紧急措施权就是“委任独裁”的一种形式。

另一方面，施米特所说的“主权独裁”，其目的是脱离现有的立宪制度，并制定出新的政治制度。可以说“主权独裁”将宪法制定权以毫无保留的方式展现了出来。

如果是这样的话，宪法典就不可能用条文来规定这种权力的出现场合。

石田：所谓宪法制定权是指能够制定宪法的权力，是吗?

长谷部：是的。首次提出这一概念的是埃马纽埃尔·西耶斯（Emmanuel Sieyès）。他在法国大革命期间发表了《第三等级是什么?》（1789 年出版）这一著作。

在当时的法国，还没有宪法这种东西。西耶斯认为，能够制定宪法的是国民，具体来说，只有占全体国民大多数的第三等级者才能制定宪法。贵族阶级明明连职业都没有，却想守住自己的特权。与此相对，在社会各方面承担着公私各种工作的第三等级者才是支撑法国社会的国民。

本来，拥有宪法制定权的人的任务就是制定宪法。因此，当宪法被制定出来之后，制定者就可以隐身，其宪法制定权也就被冻结了。这种想法是合乎道理的。

但是，施米特所说的“主权独裁”是指，即使宪法典已经存在，拥有宪法制定权的人还会出现在台前，并发挥力量。

“主权独裁”的典型代表是在法国大革命（1792年）期间成立的国民公会。在这个国民公会里，山岳派（雅各宾派）将罗伯斯庇尔任命为党的领袖，完全无视现有的法律制度，并宣称“在和平到来之前，法国的统治是革命性的”。革命性的统治（gouvernement révolutionnaire）是指从现在开始制定新宪法体制的统治。

山岳派还宣称：“我们会培养出适合新宪法体制的国民。为此，我们会基于善良市民的检举，对反叛的腐败分子当场宣判，并用断头台将他们处以死刑。”此外，山岳派还说：“我们会清除、净化反叛分子，培养新的‘真正的国民’，并制定与之相应的新立宪制度。”

由此可见，“主权独裁”可以拥有如此暴力的一面。施米特暗示：“《魏玛宪法》的总统紧急措施权很可能会演变成这种手段。”宪法的条文成为了实行“主权独裁”的依据，施米特的这种观点可以说非常不可思议。

石田：巴本政权所探寻的“新国家”的实现方式，如果从施米特的分类来看，就相当于是“主权独裁”的一种变体。不过，显而易见的是，这与在其后真正出现的希特勒独裁相比，严重缺乏国民的支持。

■ 被暴力支撑的“主权独裁”

长谷部：还有一个问题是：“不是国会而是总统或总理行使宪法制定权吗？”这个问题可以和“为什么法国的国民公会能够行使宪法制定权”用同样的逻辑来说明。

宪法制定权本来应该属于人民。国民公会并不是人民本身。那么，为什么领导国民公会的山岳派可以行使宪法制定权呢？

针对这个问题，西耶斯在《第三等级是什么？》一书中，提出了非常著名的论断：“宪法制定权永远处于自然状态[1]。它不受任何法律和形式的约束。”

也就是说，如果国民公会主张“我们拥有宪法制定权”，谁也不能在逻辑上否定这件事。因为宪法制定权不受任何约束。如果你想要否定它，是无法基于某种法律或形式做到的，只能通过纯粹的暴力否定它。

石田：因为宪法制定权不受法律和制度的约束，所以人们必须在没有法律的状态下进行斗争，以获得能够

---

1 自然状态：西欧资产阶级革命时期一些思想家的术语，指社会与国家产生前人类所处的状态。霍布斯、卢梭、洛克等都提出过各自的“自然状态”假设。

拥有宪法制定权这一权力的地位。是这个意思吗?

长谷部：正如您所说，“主权独裁”是在没有法律的状态下显现的，也就是霍布斯所提出的自然状态（“所有人对所有人的战争”状态）。总而言之，在宪法确立之前的自然状态下，如果要与自己的对手进行竞争，最终往往会演变成暴力战争。事实上，法国在国民公会统治时期发生了热月政变，以罗伯斯庇尔为首的山岳派领袖被处刑。

另外，法国《人权宣言》的第十六条规定：“权利无保障和分权未确立的社会，无宪法可言。”如果反过来理解这句话，那就是：在宪法制定权开始显现时，还没有宪法，因此，在这种状态下，谁的权利都没有得到保障，并且也没有实现分权。如果想要制定理想的宪法体制，就只能通过纯粹的暴力来进行战斗、互相竞争。

石田：从希特勒政权即将诞生之前的情况来看，假设当时警察当局和国家军队的力量远远强于冲锋队，并且拥有把纳粹党打得体无完肤的意志和能力，也许当权者就会强行贯彻《魏玛宪法》解体计划。

总而言之，这也还是变成了被暴力支撑的“主权独裁”。

■ 为什么能从紧急状态条款中看见“主权独裁”的可能性

长谷部：稍微思考一下就会明白，我们之所以能从《魏玛宪法》第四十八条中看见“主权独裁”的可能性，是因为第四十八条或者说紧急状态条款有其原型。那就是1814年在法国制定的宪章。

石田：是在拿破仑战争之后，路易十八所制定的钦定宪法，也就是所谓的法国《一八一四年宪章》吗？

长谷部：是的。它是王政复辟时期的宪章，其中第十四条规定“国王可以为确保法律的施行与国家的安宁而下达命令”。

但是，《魏玛宪法》和《一八一四年宪章》的本质区别是，《一八一四年宪章》是以君主制原理为前提的。

因为国王本来就掌握着全部的统治权，并且制定了宪法，所以在真正必要的场合，国王可以无视宪法，行使统治权。这是可以接受的，因为君主制认可这种法律上的突破口。法国宪章最早将这套流程确定了下来，在此之后，参考引进这一宪章的德意志诸邦、巴伐利亚、符腾堡的宪法也吸纳了这一点。从德意志诸邦的宪法中直接引入君主制原理而制定出的日本《明治宪法》也是如此。

好像有些跑题了，还是想提一下，日本《明治宪法》第四条提到了君主制原理，即“天皇……总揽统治权，依本宪法规定实行之”。这里说的是将天皇置于宪法之前。首先存在的是掌握全部统治权力的天皇，然后，天皇制定了宪法。虽然天皇行使统治权，但在这个时候，天皇是在遵循自己制定的这部宪法来行使权力，是天皇自己在限制自己。

另一方面，《魏玛宪法》并没有以君主制原理为前提。因为没有国王存在，如果非要说谁是全能的主权者，那就是人民。在施米特的宪法理论背后，可以看到这样一种倾向，那就是他想要把人民看作按照人民自己本身意愿来行动的统一实体。

但是，因为人民归根到底是多数人的集合体，所以，与国王不同，人民本身就不具备发表自己意见的条件。于是，总统就主张“我体现了人民的意志”，然后断定“这是国家的紧急状态”，并行使总统紧急措施权。

从理论上来说，国会也可以体现人民的意志。但是，国会被复杂的社会和经济的利害关系裹挟得无法动弹。只有总统能够行动。但如果要问总统能否像之前的君主一样，理所当然地被允许去暂停实施现有宪法，甚至改造国家，答案通常都是否定的。

石田：如果总统强制执行这件事，就会引发暴力冲突。

长谷部： 因为担心总统的权限过大，所以《魏玛宪法》的制定者们预先制定了《魏玛宪法》第四十八条第五项，即“详细规定参照国会制定的法律”。他们计划在国会制定的法律中详细规定紧急状态权所包含的内容。但是，这一内容没有被制定出来。也就是说，宪法中存在制度的漏洞。施米特认为，在紧急状态下，“主权独裁”会从这个漏洞中显现出来。

既然不存在限制总统权限的法律，什么样的状态才算是“公共安全及秩序受到严重扰乱”？什么样的措施才算是“必要措施”？这些都不得不由总统来判断。

石田： 对于为应对第五项而需要制定的法律，兴登堡总统持有非常消极的态度。他不想让作为绝招的紧急权受到限制。但是，没有限制的紧急权最终会和“连宪法都可以破坏”的“主权独裁”成为一丘之貉。

长谷部： 仅仅是回顾这一过程，我就已经意识到，紧急状态条款可能会根据其规定的具体内容而变得非常危险。

■ 在保守派的利用下诞生的希特勒总理

石田： 说回希特勒政权诞生前的历史。1932年11月，在这一年的第二次国会选举中，纳粹党的得票率出现了变化。明明在四个月前的选举中还获得了 37.3% 的选票，但在这次选举中，纳粹党的得票率却下降到了 33.1% 。另一方面，共产党的得票率进一步提高到了 16.8% 。纳粹党和共产党加在一起的议席数超过了国会议席总数的一半，这一点没有发生变化。巴本总理因为没能实现自己的计划而被迫下台。

之后，与兴登堡私交很好的施莱歇尔被任命为总理。他计划利用总统的权限来去除《魏玛共和国宪法》秩序的关键内核。他之前在巴本政府中担任国防部长，绰号叫“政治上的军人”。

施莱歇尔总理将第一次世界大战期间的那种军部独裁政权作为自己的目标。另一方面，巴本也开始行动起来。他接近希特勒，将希特勒尊为首领，想创造出包含国家人民党和钢盔团（在乡军人会）在内的“右翼统一战线”。

施莱歇尔和巴本一样，在国会中并没有什么政治基础，他试着让纳粹党的二把手、与希特勒关系很差的施特拉瑟进入内阁，让纳粹党的一部分（左翼）成为其政治基础。此举招致希特勒的强烈反对，触怒了希特勒的施特拉瑟也因此被迫辞职。于是，施莱歇尔总理在与巴本的政治斗争中失败，在上台后不到两个月就提出了辞职。

1933 年 1 月 30 日，希特勒终于被任命为总理。

长谷部：您觉得为什么兴登堡总统在那么多人里选择了希特勒呢？

石田：因为希特勒和纳粹党有能力完成保守派领袖们想要尽早实现的三个目标。

第一是给《魏玛宪法》所规定的议会制民主主义画上句号。纳粹党本质上是反议会政党，兴登堡身边的保守派人士们也感受到了议会制民主主义的局限，因此，他们把未来寄托在建设权威主义国家这件事上。

第二是粉碎共产党的势力。财界人士们感受到了马克思主义的强大威胁，给兴登堡寄去了请求任命希特勒为总理的请愿书。

第三是着手重整军备，重新恢复强大的德国。即打破压在战败国德国身上的《凡尔赛条约》和凡尔赛体系。

用巴本的话来说就是让势力有所衰退的希特勒掌握政权，等希特勒没有了利用价值之后，再把他丢掉。此时的希特勒作为纯粹的反犹太主义者、种族主义者、否定民主主义和立宪主义的煽动家，已经被世人所知晓。保守派在极短的时间内，将激进的领导者迎入政权，并想以此让政治体制按照他们所想的那样发生变革。

希特勒的三个工具

长谷部：但是，事情往往不能尽如人意。英国历史学家刘易斯·纳米尔指出，路易·拿破仑和希特勒都是知识水平不高的煽动政治家，正因为如此，政治家和官僚们都觉得“这种人容易被控制”。然而，最终结果却是没能控制住他们。如果对方不是能用常理来理解的人，这样的人其实很难被控制。

石田：希特勒在成为总理之后，完全不考虑其联合政党的想法，一个劲儿地向着独裁的道路迈进。他不顾国家人民党的反对，让总统解散国会，并将选举定在3月5日。

在成为总理之后，希特勒拥有三个工具：一是总统紧急令，二是冲锋队和党卫队，三是大众宣传组织。

在这一时期，冲锋队约有五十万人，党卫队约有五万人，都成为了具有一定实力的组织。希特勒巧妙地将这些纳粹党的下级组织变为自己政治权力的一部分。冲锋队和党卫队的主要负责人是戈林。戈林是希特勒政府的不管部长[1]，与此同时，他还作为普鲁士州政府的内政

---

1 不管部长：亦称“无任所相”“无任所大臣”“不管部阁员”“不管大臣”等，专管其他部长不管辖的特殊重要事务的部长，多见于实行内阁制的国家。

部长，全权处理与警察相关的事务。由于警察需要看管大量“政治犯”，经常人手不足。于是，戈林又新招了许多冲锋队和党卫队的队员。这些人被称为“辅助警察”。

长谷部：警察的辅助？也就是充当暴力团之类的，是吗？

石田：就是字面意思那种纯粹的暴力，是实际实施国家恐怖主义的部队。

到了 2 月之后，希特勒政府开始使用总统紧急令来限制民众的言论自由。

长谷部：在选举即将到来之前，自由的言论受到了限制。

■ 由于“国会纵火案”而终于宣布进入国家紧急状态

石田：在这之后又发生了具有决定意义的事件。1933 年 2 月 27 日晚上，位于柏林的国会大厦被放火焚烧，在场的荷兰共产主义者马里努斯·范·德尔·卢贝遭到逮捕。这次事件被称为“国会纵火案”。

希特勒断言这是一场共产党有组织的阴谋。他于第二天（2 月 28 日）发布了总统紧急令，临时停止了《魏玛宪法》所保障的七条基本权利，即：人身自由、言论自由、集会自由、结社自由、通信秘密、住宅不受侵犯等。虽然发布紧急令的是总统，但实际上是作为总理的希特勒鼓动兴登堡这样做的。这一总统紧急令的正式名称是《保护人民和国家的总统法令》，但在民间被称为“国会纵火法令”。

长谷部：这确实是国家紧急状态宣言。

石田：这一紧急令的具体内容如下。

《保护人民和国家的总统法令（节选）》

基于共和国宪法第四十八条第二项，为针对将国家安全置于危险境地的共产主义者的暴力行为进行防卫，命令以下事项。

（一）在重新下达通知前，临时停止宪法第一百一十四条、第一百一十五条、第一百一十七条、第一百一十八条、第一百二十三条、第一百二十四条，以及第一百五十三条的效力。由此，包含人身自由、出版自由在内的言论自由、集会自由、结社自由等允许受到限制，书信、邮件、电报、电话等通信秘密允许不被保护。允许逾越既定的法律规定，搜查私人住宅并扣押私人物品等。

（二）当各州无法为恢复公共安宁和秩序而采取必要措施时，共和国政府可以暂时行使州政府的权力。

（三）各州及地方自治体（地方公共团体）在其管辖区域内，必须遵循基于第二项发布的共和国政府的命令。

长谷部：“基于共和国宪法第四十八条第二项，为针对将国家安全置于危险境地的共产主义者的暴力行为进行防卫，命令以下事项。”这是摆明了要清除国家的敌人共产主义者的条款啊。

石田：根据这一法令，以共产党的国会议员为首，激进左翼运动的领导者们被一网打尽。在几天的时间内，仅普鲁士州就有五千多人被逮捕。在全国范围内，冲锋队和党卫队的成员们绑架左翼活动家，将他们监禁并施以暴行。

“国会纵火法令”除了想要压制左翼之外，还有一个意图，那就是毫不掩饰地介入地方政治。在希特勒成为总理时，地方上并不是清一色的纳粹党。倒不如说，有许多反对纳粹的政权。

请大家看一下“国会纵火法令”的第二项：“当各州无法为恢复公共安宁和秩序而采取必要措施时，共和国政府可以暂时行使州政府的权力。”这表明如果希特勒政府不满意某个州的应对措施，就可以介入该州，代替该州行使权力。

但是，实际上发生纠纷的原因大多是纳粹党“没事找事”。

长谷部：比如说，是什么样的纠纷呢？

石田：比如，纳粹党成员冲进市政府大厅，挑衅地提出无理要求，“把纳粹党党旗挂在市政府大厅门口”等。如果官员拒绝这一无理要求，纳粹党人就会闹事，并将这件事登在纳粹党的报纸上。之后，希特勒政府就会以“这个地方没有维持好公共安宁和秩序”为由，介入其中。相同的套路在全国反复上演，这也成为了之后一气呵成地推进“强制的同一化”的突破口。

■ 新事实！国会纵火案是纳粹的自导自演

石田：读到这里，大家应该已经能对于一些流传甚广的误解进行反驳了。比如，“希特勒是打着民主主义的旗号而被大众所选择的”“希特勒合法地建立了独裁体制”，等等。

长谷部：确实，我经常听到这种说法。

石田：我自己以前也是这样认为的。确实，因为希特勒就任总理时遵循了宪法的规定，并且是由总统任命的，因此到此为止应该可以说是合法的。

但是，从他就任总理，到发布“国会纵火法令”，再到制定《授权法》，这整个过程真的都是合法的吗？这其中存在着很大的疑问。

比如，让我们来看一下国会纵火案。关于国会纵火案，迄今为止的一般说法是：纵火是共产主义者卢贝的个人罪行，希特勒将这个与政权无关的突发事件看作镇压共产主义者的千载难逢的好机会。

但是，最新的研究表明，卢贝并不是纵火者，实际上的纵火者是柏林的冲锋队队员，卢贝只不过是替罪羊。

长谷部：这是一个重大发现啊。

石田：当时，在共产党等反纳粹势力中，人们公然谈论“纵火完全是希特勒政府的自导自演，是希特勒政府的阴谋”。还有保守派的议员想要查明纵火案的真相，却离奇死亡。

但是，这些证据全都被销毁了，真正实施纵火的冲锋队队员（除一人之外）也全都在第二年的“长刀之夜”[1]中被杀害。二战后，了解纵火案真相的相关人士也为了逃避责任而不断地重复着虚假证词。因此，真相变得不得而知。

希特勒为了兑现与保守阵营之间的约定，对共产主义者进行了镇压。他为了给《授权法》的制定开辟道路，做出了这种荒谬至极的违法行为。

---

1 “长刀之夜”：又称罗姆事件，德国纳粹党内针对冲锋队上层领导人的大屠杀。1934 年，希特勒因冲锋队首领罗姆意图扩大势力而决定采取行动。6 月 30 日晚，罗姆及部分冲锋队高层被捕，随后被处决。此次清洗使冲锋队势力大减，希特勒巩固了其在纳粹党中的地位，并得到了国防军的效忠。

■“合法革命”这一政治宣传

石田：冷战结束后，关于希特勒和纳粹德国的历史，新的事实接二连三地浮出水面。在本书中，我想强调的一点是，在迄今为止有关希特勒和纳粹德国的说法中，不乏被纳粹的政治宣传所引导的内容。

长谷部：“希特勒是‘合法地’坐上了独裁者的位置”，这一“常识”也是这样被创造出来的吧？

石田：是的。那么，是谁最开始说这是“合法的”，并且让这种说法扎根于民间的呢?

通常认为，是在希特勒内阁中担任内政部长的威廉·弗利克最先使用了“合法革命”这一表达方式。

这一表达方式所参考的纳粹用语是“合法战术”。在希特勒政府成立的十年前，也就是 1923 年，希特勒以暴力革命为目标，在慕尼黑发动了啤酒馆暴动。暴动失败后，希特勒被捕，并在审判中接受了有罪判决。后来，出狱后的希特勒宣称：“今后会采用合法战术来进行革命。”他以议会多数派为目标，依据宪法，使国家发生变革。但实际上，他从未放弃将暴力作为政治手段。

长谷部：如此说来，无论是“获得了大多数民众的支持”还是“合法的”，全都是纳粹政权自己说出来的。

石田：是的。但是，承认并接受这一纳粹自身的主张，对于在纳粹时代幸存的人们，特别是法学家来说，也有好的一面。

总而言之，因为纳粹独裁是“合法的”，所以人们只能听从于它。既然纳粹独裁体制的建立遵循了法律制定程序，即使有伦理方面的问题，人们也无法反抗。法学家们也可以以此来模糊自己的责任。

公法学为何对纳粹无效

长谷部：如果从法学角度来理解您刚才所说的“因为希特勒独裁体制的建立遵循了法律制定程序，所以人们只能听从于它”，这其实是与法学上被称为“法律实证主义”[1]的思考方式相关联的。

虽然“法律实证主义”一词拥有许多微妙的含义，但是，当人们开始认为“既然实定法[2]是真实地被制定

1 法律实证主义：亦译“实证法学”或“实证主义法学”。以实证主义作为哲学基础的现代西方各种法学学说的总称。有广狭两义。狭义专指各种形式的分析法学，因此又称分析法学派或分析实证主义法学。广义还包括各种形式的社会学法学，因此又称为社会法学派或社会实证主义法学。

2 实定法(Positive Law)：亦译“实在法”或“制定法”，是“自然法”(Natural Law)的对称。指各国在各个历史时期制定或认可的法律。包括成文法、判例法与习惯法。可以是过去的法律，也可以是当前的法律。

出来的法律，我们就应该遵循它”时，这就已经和当时无法阻止希特勒独裁的法学家们的软弱之处如出一辙了。这一批判可谓是一针见血。

石田：实定法，也就是实际上已作为规则确立下来的法律。即使是恶法，人们也应该遵循它。我可以这样理解吗?

长谷部：在这种情况下，我认为这样理解完全没问题。如果可以确定它是在什么时候、在哪里、由谁制定的法律，它就是实定法。虽然，实定法的英文是“positive law”，但它的含义是“被制定的法律”，即“posited law”。

法律实证主义也是一个被用于各种场合的词。如果它主张的是“作为法律，只有实定法能被客观地认识和理解”，则可以获得绝大多数人的认可。但是如果它主张的是“所有人都必须遵循实定法”，则很难说每个人都是这样想的。

总而言之，有许多人认为，如果实定法的内容不合乎道德，就不应该遵循它。进一步来说，甚至有人认为，不合乎道德的东西本来就不应该被看作实定法。

石田：明明是在解释法律，却带入了人类的伦理观、价值观之类的东西。

长谷部：是的。但是，在当时的德国宪法学界，主张“既然是实定法，就应该遵循它”的法律实证主义备受重视。

在我们刚才的讨论中也曾提到，在当时的德国社会中，存在着非常激烈的意识形态对立。在这种背景下，如果法学家们在对法律进行解释时随意将自己的价值观带入其中，很可能就会引发骚乱。

石田：在当时的德国，保守主义、自由主义、社会主义、共产主义、法西斯主义（纳粹主义）等意识形态激烈对立，如果在运用法律时，每个人都不能从自己的价值观、立场上退后一步做出妥协，那么局面将会变得不可收拾。

长谷部：而且，在当时，这种意识形态上的对立导致街上的暴力事件频发。在无论什么时候变成霍布斯的自然状态，或者说彻底暴露出对立的战争状态都不奇怪的情况下，为了基于实定法来维护社会秩序，人们还是选择了法律实证主义。

我再补充一个稍微有些不同的看法。有人提出“‘国会纵火法令’之后的德国政治体制，还可以称为法律秩序吗”这一问题。“国会纵火法令”之后的德国政治体制其实已经不能称为法律秩序了，它只不过是纯粹地进行斗争的自然状态。其实，这里问的是“所谓‘纳粹国家’那种东西真的还算是个‘国家’吗”？

石田：意思是说法律秩序已经不存在了吗？

长谷部：虽然不是在前文中提到的辅助警察，但是存在暴力团或军阀这类实力组织割据，他们都想按照各自的想法来进行暴力统治。因为实际上支持纳粹的势力也并非都是一条心。

这样一来，就会出现这样的问题，那就是哪一种行为可以看作国家的行为？即，有整合的、统一的法律秩序吗？

也就是说，在这一时期的德国，宪法制定权可能已经完全显现了出来。就像我之前所说的那样，宪法制定权未必是属于某一个人或某一个团体。事实上，各种各样的团体和个人都主张他们才能行使宪法制定权、确立新的宪法体制。因此，他们之间又开始进行斗争。

石田：在纳粹时代，有一名德国政治学者，因为是犹太人而被驱赶，后来去了美国。他就是恩斯特 · 弗兰克尔。恩斯特 · 弗兰克尔在他 1941 年写的《二重国家》（*The Dual State*）一书中指出，在发布“国会纵火法令”之后的德国中，显现出了两个国家。

一个是“规范国家”，指为了对法律及法院判决中展现的法律秩序进行保护而具备各种权力的行政体，是我们现在觉得再寻常不过的那种国家。

还有一个是“措施国家”，也被称为“大权国家”。它是在纳粹统治不断发展的过程中出现的，指“无论是什么法律都不能阻止的、无限制地行使暴力的统治体系”。总而言之，这是一个想将“国会纵火法令”作为法律依据，采取各种措施超越宪法框架的国家。

希特勒体制下的德国并不是纯粹的“没有法律的国家”，而是“规范国家”和“措施国家”并存的国家，而且后者不断地侵蚀着前者。确实在经济领域中，法律还像往常一样被运用着。

长谷部： 这是完全有可能的。在混乱的社会中，政府即使不采取措施，人们的生活也在继续。人们正常地进行买卖、借贷，开着车在道路上行驶。这样说来，应该是有某种规则在支撑着这一状态。

即使是现在，在世界各地都有被称为“破产国家”的国家。虽然这些国家的政府并没有采取政府应该采取的措施，但这些国家的人民仍然在这种状态下继续生活着。

但是，最终这些国家的法律秩序会演变成由暴力支撑。不是警察或法院，而是暴力帮派在支撑着国家的法律秩序。因此，从普通市民的角度来看，这个国家有类似于法律的东西存在着。但如果从政府的角度来看，可以说这种状态已经是霍布斯所提出的自然状态了。

■ 通过拘捕共产党议员而确立的《授权法》

石田：纳粹党通过“国会纵火法令”彻底镇压了其反对势力。在 1933 年 3 月 5 日的选举中，纳粹党的得票率达到了 43.9%，再加上与其联合执政的国家人民党所获得的选票后，两党掌握了超过半数的议席。但是，希特勒并没有满足于此。因为他想获得谁都无法妨碍他的那种绝对权力。

刚成立的希特勒政权需要听命于“总统内阁”。但显而易见的是，兴登堡总统年事已高，即将不久于人世。因此,希特勒想要尽早从总统手中获得自由的权力。于是,希特勒将目光投向了《授权法》。

长谷部：希特勒制定的《授权法》(《解除人民与帝国苦难法》）也被称为“全权委任法”，是一部非常强有力的法律。因为它将包含宪法变更在内的立法权交给了政府。

石田：在此前的魏玛时期，也曾制定过《授权法》这一类的法律。

比如，1923 年，在魏玛共和国发生恶性通货膨胀时，德国国会通过了《授权法》，将经济领域的立法权交给了当时的总理施特雷泽曼。这段历史在德国高中的世界史课本上也曾出现过。

长谷部：而且，即使获得了经济领域的立法权，施特雷泽曼也无权处理劳动时间限制及养老金、社会保险、失业保险的额度等问题。这部《授权法》与希特勒的《授权法》完全不同。

这二者更主要的区别在于这部《授权法》是有时限的，有效期截止到1924年3月末。与希特勒的《授权法》不同，这部《授权法》是在紧急状态下，暂时将立法权交给了政府。如果用施米特的分类来说，就相当于“委任独裁”。

石田：以内政部长弗利克为首，纳粹党的法学家们很清楚曾经的《授权法》历史以及《授权法》的利用价值。希特勒的内心也非常明白，即使有《魏玛宪法》的限制，但只要能抓住这次机会，就能行使独裁权力。

长谷部：乍一看1933年希特勒的《授权法》，其内容似乎是在宣称要应对紧急状态。

石田：可以说，无论是之前的《授权法》，还是希特勒的《授权法》，都和本书的主题——紧急状态条款是同一类东西。

那么，这个《授权法》是如何确立的呢?

它是在3月23日的国会上通过的。但是，《授权法》的制定程序与修改宪法的程序相同，即需要有三分之二以上的国会议员出席，并且出席者的三分之二以上投赞成票。但是，虽然纳粹党和国家人民党加在一起的议席数超过了半数，却没有达到三分之二。

实际上，希特勒通过“国会纵火法令”拘捕了隶属于共产党的国会议员，也是为了能满足“出席者的三分之二以上投赞成票”这一条件。要想满足这一条件，就需要减少总体参数。

但是，即使减少了总体参数，如果缺席者太多，也没办法保证“三分之二以上的国会议员出席”这一条件。因此，在表决当天，在超过半数赞成的情况下，变更了议院规则。规则变更后，如果议员因议长没有认可的理由而缺席，则会被视为出席。

■《授权法》就是“宪法修改法”！

石田：我有一件事情想问一下长谷部先生的看法。

长谷部：是什么事呢？

石田：在希特勒的《授权法》中，写着“政府所制定的国家法律可以违反宪法”，是吗？

长谷部：是的。让我们来看一下《授权法》的条文吧。《授权法》的第一条中写道：“国家的法律除了依据宪法中规定的制定流程外，政府也可以对其进行议决。”《授权法》的第二条规定：“政府议决的法律，只要不以议会及参议院的制度本身为对象，就可以违反宪法。”

也就是说，政府可以单独制定法律，而且这个法律可以违反宪法。这样一来，就会演变成“可以根据政府的决定来更改宪法”的结果。

石田：为什么这种规定能够被通过呢？在《魏玛宪法》中，有什么特别的设定吗？

长谷部：确实，这是非常不可思议的条款。就像您所指出的那样，这个《授权法》是基于《魏玛宪法》的宪法修改规定（《魏玛宪法》第七十六条）的宪法修改法。因此，它需要有三分之二以上的国会议员出席，并且，出席者的三分之二以上投赞成票。

就像我刚才提到的，《授权法》的第二条写着：“政府所议决的法律……可以违反宪法。”也就是说，《授权法》给予了政府修改宪法的权力。

关于您刚才的问题，可以将其替换成这个问题：“通过宪法修改程序，来更改宪法修改规定本身，这样真的可以吗？”

石田：也就是改变了修改宪法的方法，是吗？这样说起来的话，在第二次安倍晋三内阁的某段时期内，也曾经有过关于想要修改宪法第九十六条（该条内容中规定了宪法修改程序）的讨论。总而言之，由于日本的宪法是刚性宪法[1]，不能轻易地被修改。因此，他们想要先更改宪法修改规定，使其变得柔和一些。

长谷部：关于这一问题，可以从两种观点出发来探讨。

其一是实质论。实质论的观点是：在宪法修改规定中，设定了许多程序上的障碍，使宪法很难被修改，这其实有实质性的原因。《魏玛宪法》第七十六条宪法修改规定的主要内容是：因为宪法是社会应当长期遵循的基本原则，所以在修改宪法时，至少要经过议会的审议和议决。此外，将特别多数表决（赞成者比例不能仅超过半数，而要超过三分之二的多数表决）作为前提条件，是为了在各种意见和利害关系混杂的状态下尽可能获得更多的赞同。

但是，在纳粹主义中，这种观点是行不通的。因为纳粹会排除异己，所以在纳粹主义中，本身就不存在多样、多元的意见。

石田：所以，这个修改程序失去了它本来的意义。

长谷部：除此之外，另一种观点认为，“从伦理层面

---

1 刚性宪法："柔性宪法"的对称。按特殊立法程序制定、修改的宪法。特殊立法程序如：须召开制宪会议制定；立法机关在表决时需三分之二或四分之三等的多数通过；草案需交公民复决；议会通过宪法草案后须即改选，然后将宪法草案再交新议会表决等。

来看，修改宪法修改规定这件事本身就是无法实现的”。

石田：这是什么意思呢？

长谷部：所谓宪法修改规定，是比起其他宪法修改条款还要高一级的规定。

至少，如果以当时的法律实证主义的思考方式来看，比宪法修改规定还要高一级的宪法原则是不存在的。因此，宪法修改规定是最高规范。也就是说，宪法修改规定是一种主权性质的规定。

因此，“能否通过宪法修改规定来更改宪法修改规定”这一问题就相当于在问“主权者能否通过行使自己的主权来修改自己所拥有的权限”。

这个问题与古典神学里的问题相同，即“全能的神能否创造出重到连自己都抬不起来的石头”这一问题。虽然有人会觉得，不能创造出这种石头的神不能称为全能。但是，一旦创造出这种石头，神自身就会变得不是全能的了。

在众多神学家对此进行讨论的过程中，出现了这样的观点，即至少来说，引起了伦理上的悖论的这种能力不应该被看作神的全能。同理，有人认为，如果宪法修改规定是最高的主权性规定，那么按理来说，宪法修改规定权限的相关内容应该是无法被修改的才对。

石田：即使是依据宪法修改规定对其进行修改，也无从下手。

长谷部： 但是，这是“宪法秩序的同一性是否得到了保证”这一伦理上的问题。纳粹本来就不想保全现有的宪法秩序，倒不如说，他们想破坏现有的宪法秩序，然后建立新的宪法秩序。因此，即使有人提出这样的观点，他们大概也完全不会理会吧。

■ 社会舆论接受了希特勒的统治

石田： 在《授权法》被制定出来之后，被称为“纳粹法”的新法律接二连三地被颁布了下来。德国国会已经失去了其存在的意义。政府完全可以按照自己的意愿将政策法制化。

立法机关突然一改长久以来的狼狈相，实现了字面意思上的“有法可依的政治”。毫无疑问的是，可以感受到人们对此持欢迎态度。

基于《授权法》，纳粹的意识形态被政策化。比如，纳粹颁布了《重建公务员队伍法》，这是一部打着“再建”的旗号，将犹太人和民主主义者从公务员职位上赶走的法律。再比如，《遗传病子孙预防法》规定，对于患有八种“特定遗传病”和酒精中毒的患者，可以不顾其本人的意愿，以医院院长的判断为依据，通过手术剥夺其拥有孩子的权利。这部法律也被称为“强制断种法”，它为之后的“纳粹优生社会”以及大屠杀拉开了序幕。

另一方面，如果要说纳粹在这一时期所颁布的法律是否全都是纳粹性质的法律，其实也并非如此。因为当时的德国也正处于近代化的浪潮之中，所以需要很多与近代化相称的法律。有的法律虽然在魏玛共和国的国会中经过了激烈讨论，但始终没有被通过。在纳粹的统治之下却被顺利地颁布并施行了。

长谷部：从这一意义上来看，也许可以说希特勒满足了支持其政权诞生的保守派和财界的期待。1934 年 6 月，希特勒对冲锋队进行了清算行动，史称“长刀之夜”（罗姆事件）。在这之后，德国的社会治安逐渐恢复，百姓们也可以正常地在街上行走了。除此之外，失业率下降，经济也有所好转。因此，有一部分人认为，即使纳粹政府是无视法律且意识形态狭隘的政府，但如果它能最低限度地实现政府职能，那么，有纳粹的存在要比没有好。

石田：确实如您所说。在《授权法》确立前后，社会舆论受到了希特勒的诱导。1933 年 3 月，纳粹德国设立了“国民教育与宣传部”，由戈培尔担任部长。“国民教育与宣传部”类似于由政府运营的、超大规模的广告代理商，在新闻、文化、艺术、娱乐等所有领域中，通过媒体宣传方式来诱导国民舆论。

■ 紧急状态条款使纳粹独裁成为可能

石田：1934 年 8 月，兴登堡总统去世。虽然宪法规定总统继任者需通过选举选出，但是政府创造出了将总统和总理的权限合二为一的新职位——“元首”。之后，政府又颁布了让希特勒就任的法律，即《德国国家元首相关法》，其内容规定“在兴登堡去世后，其总统的权限将移交给希特勒”。如此一来，希特勒就成为了德国历史上最强的独裁者。

回过头看，从希特勒就任总理开始，到《授权法》的制定，只用了五十天；到实现纳粹独裁，只用了半年；到希特勒成为“元首”，只用了一年半。希特勒在转眼间就确立了独裁体制。

长谷部：这确实是“在某一天突然意识到……已经变成了‘纳粹宪法’”。

石田：我觉得在咱们到此为止的讨论中，应该已经大致说清楚了《魏玛宪法》的紧急状态条款对于希特勒独裁的确立起到了多大作用。

长谷部：在议会停摆的状态下被兴登堡滥用的总统紧急令、以国家紧急状态为借口来巩固纳粹统治的“国会纵火法令”，以及将全部权力委任给希特勒政府的《授权法》接踵而至。

按照施米特的分类，《魏玛宪法》第四十八条属于为应对危机而制定的“委任独裁”，然而，以其为依据而发出的紧急令却在不知不觉间开始作为宪法制定权而发挥作用，并进一步被偷换成希特勒的“主权独裁”。

石田：如果我们的主权者学习这种纳粹的“骗局”，以“为了迅速且高效地应对大地震”为由，将紧急状态条款加入到《日本国宪法》中，会由此而引发什么样的事呢？为什么非要重蹈历史上真实存在的失败案例呢？紧急状态条款真的是必要的吗？如果真的是必要的，那么应该设定什么样的条款来限制它呢？对此，必须进行彻底的讨论。

宪法优先这一基本原则没有被确立？

石田：话说回来，咱们的讨论似乎有些偏离主题了。针对咱们讨论的内容，我有一件事想问长谷部先生。

长谷部：是什么事呢？

石田：有一位法学家提出了一个很有意思的观点，即《魏玛共和国宪法》虽然只有一部，但就其在魏玛共和国初期和末期的状态而言，可以说是两部完全不同的宪法。

用我自己的话来说就是，在宪法制定时，被称为“世界上最民主的宪法”的《魏玛宪法》，仅仅过了十几年，就变成了“开辟独裁道路的宪法”。明明是同一部宪法，为什么会变成这样呢？在我查看了许多与法制史相关的文献之后，我注意到“宪法优先”这一对于如今的我们来说已经习以为常的基本原则，在当时的德国却并没有得到贯彻。

在魏玛时期，有一位著名的公法学家叫做格哈德·安许茨。总的来说，他被认为是与施米特相对立的法律实证主义者，是非常有权威的学者。在安许茨所著的《宪法注解》（1933 年出版）中，有这样一句话：“宪法不优于法律，它只是法律本身。”

长谷部：这句话是想表达宪法和法律的同等性。确实，当时的主流观点认为，宪法归根到底只不过是法律的一种，只是宪法的确立和修改程序不同于其他法律而已。

石田：原来如此。但是，他的这句话就相当于在说“宪法不是最高法规”。在规范序列之中，宪法并非是第一位，而是与其他法律拥有同等地位。

在我看来，19 世纪以后的德国立宪主义是在作为主权者和宪法制定者的君主或皇帝与作为国民代表的议会之间相互牵制的过程中发展而来的，而宪法的这种地位正是 19 世纪以后的德国立宪主义的特点。即使在魏玛共和国成立、国民成为主权者之后，宪法的这一地位也没有发生本质上的变化。

在宪法优先这一原则诞生之前，明文改宪、不更改条文而通过立法改宪（“宪法破毁”）、更改条文解释的实质性改宪（“宪法变迁”）等都是很容易实现的事。在魏玛共和国初期和末期的意义完全不同的《魏玛宪法》第四十八条就是这里所提到的“宪法变迁”的典型例子。

在宪法优先原则还没有被确立的阶段，根据《魏玛宪法》，国民是主权者，即宪法制定者。之后，反宪法的希特勒总理登台，颁布了相当于宪法修改法的《授权法》。希特勒认为“我自己才是国民意愿的体现者，我可以任意处置宪法”。

主张“宪法的修改有界限”的施米特

长谷部：如我刚才所说，魏玛时期德国的主流观点认为，“宪法归根到底只不过是法律的一种”，这一观点反过来说就是“法律或宪法内容的实质正当性不应该被视为问题”。

也就是说，在石田先生您所说的规范序列之中，如果宪法地位在法律之上，当某部法律与特定的意识形态相对立时，归根到底就是那个意识形态与宪法相对立。这样一来，在当时现实社会中意识形态引发政治、社会上的激烈对立的状态下，如果质疑法律或宪法内容的实质正当性，法律秩序就无法被遵守了。因为会出现“我们要与这种宪法战斗”的团体。“想将其搁置”这一想法，与前文中出现的法律实证主义的问题是相通的。

石田：因此，我们可以认为在当时的背景下不强调宪法优先，有其合理的理由。

长谷部：即便如此，也还是有人强烈主张“应当将实质正当性视为问题”。这个人就是卡尔·施米特。

1932 年，施米特公开发表了一本名为《合法性与正当性》（初版）的小册子。在这本小册子里，施米特主张，在民主国家，合法性的依据是主权者（人民）。对人民的意愿的遵从保证了宪法和法律的正当性。在法律秩序遇到危机的特殊情况下，由人民投票选出的总统可以行使超过国会的权力。总而言之，施米特主张，在特殊情况下，总统可以采取废除现行法律的措施。

施米特还主张，在由实质正当性所统治的民主国家中，所谓合法性不单单是指与立法机关按照宪法规定程序所制定的法律相称的机能主义的观念，它还被要求符合作为宪法制定权者的人民的意愿，也就是说，它不可能保持价值中立。

石田：总而言之，如果纳粹代表的是国民的想法，那么彻底除掉反纳粹势力这件事也有其正当性。

长谷部：另外，在这本小册子里，施米特还写道："无论是什么样的宪法，都有支撑它的若干基本原理。这些原理是不可改变的宪法原理，即使根据宪法修改规定也不能对其加以更改。即使宪法可以被修改，宪法也没有打算给出剥夺宪法自身法律地位的法律手段，更不用说，给予别人破坏其正当性的正当手段。"

总而言之，宪法修改应该有其界限。

但是，施米特的问题点在于宪法修改的界限是什么。根据时代的不同，宪法修改的界限也会发生变化。施米特在 1928 年出版的《宪法理论》中提出，基于权力分立和议会制的市民法治国，以及现在所说的立宪主义和法律支配体制，是构成宪法修改的界限的基本原理。但是，他后来又在《合法性与正当性》中写道，展现了官僚制、大学自治、教会、财产制度等德国社会传统的实质性原理才是宪法修改的界限。

实际上，直到 1933 年初，施米特仍然对纳粹持有非常强烈的批判态度。在 1933 年 1 月希特勒被任命为总理时，施米特因为过于心灰意冷，甚至没去大学讲课。

石田：结果，在几个月后，施米特却成为了纳粹党员，称赞《授权法》为“新德国的暂定宪法”，他可真是一个不可思议的人啊。

长谷部：在此之后，施米特开始作为纳粹德国的名誉法学家而活跃起来。

即便如此，他所提出的“从实质正当性的观点来看，宪法修改应该有其界限”这一主张也依然被战后德国所继承。虽然谁也没有说“因为是施米特的主张，所以继承了下来”。但毫无疑问，战后德国确实受到了施米特这一主张的影响。

“宪法修改有其界限”这一主张与“在政党和结社可能存在被宪法禁止的东西”这一思考方式是有关联的。

之所以这样说，是因为那些即使通过修改宪法也无法实现的改变当然更不可能通过通常的政治过程实现。因此，持有这一观点的政党和结社如果不脱离通常的政治过程而另辟蹊径的话，就不可能达到其目的。

石田：在战后联邦德国的宪法、《波恩基本法》中，纳粹党和共产党是被取缔的。而且其中明文规定，即使通过修改宪法，也不能改变这一规定。

我将会在之后的章节中讲述《波恩基本法》的相关内容。在《波恩基本法》中也可以看到施米特的主张所带来的影响，这让我感受到了历史的奇妙之处。

第二章 德国国民为何被纳粹吸引

■ 是共产主义还是纳粹主义

石田：我在第一章中曾经提到，不能说希特勒就是通过在选举中获胜而成为了总理的。

虽说如此，1932 年，纳粹党成为了德国国会第一大党，希特勒成为了有力的总理候选人之一，这是不容争辩的事实。从这一角度来看，希特勒和纳粹党确实获得了社会舆论的支持。因此，在本章中，我想试着思考一下，纳粹党在《魏玛宪法》之下发展起来的背景是什么？人们被纳粹运动所吸引的主要原因又是什么？

首先需要说明的是，当时的时代背景是席卷全球的大萧条。我们先来看一下大萧条的影响吧。

长谷部：在许多人看来，大萧条是纳粹兴起的原因。

石田：1930 年，发源于美国的大萧条开始影响到德国，但其实从 20 世纪 20 年代中期开始，德国的农村经济就已经十分不景气了。由于大萧条的影响，美国资本同时从德国撤出；再加上 1931 年，发源于奥地利的金融危机又给德国以沉重一击，结果导致大萧条在德国造成的影响远比在欧美其他国家更严重。1932 年，在德国，仅登记在册的失业者人数就达到了五百五十七万人，实际失业人数超过六百万，失业率也超过了 30%。

然而，政府对此束手无策。时任总理的布吕宁沿用一直以来的“财政均衡论”，认为税收和支出必须保持一致。当时还没有凯恩斯主义经济学。此外，1923 年德国恶性通货膨胀所遗留下来的后遗症也在这时开始显现。

而且，布吕宁政府一直以来将解决使德国苦不堪言的一战赔偿支付问题作为重要的政策课题，认为经济的低迷对此是有利的。在政府所采取的增税和通货紧缩政策之下，国民的负担越来越重。

长谷部：在这一背景下，兴登堡为了使没能获得议会支持的财政重建法案得以通过，发布了总统紧急令。从议会各党派的角度来看，自己也可以因此而逃避责任。正如我在第一章中曾说过的那样，这一举动催生出了“总统内阁”，进而为希特勒的独裁开辟了道路。

石田：在这种情况下，当时的年轻人觉得德国失去了未来，因此而变得非常激进。无论是城市还是农村，贫困都在不断蔓延，越来越多的人开始觉得“资本主义和共和国都要完蛋了”。在这种情况下，兴起了两股宣称要打破现状的新兴势力。

其一是共产主义势力。在这一时期，他们在苏联共产党和共产国际的影响下，认为魏玛共和国是背叛劳动者阶级的社会民主党和资本家联手打造出来的资产阶级国家。他们宣称“资本主义现在正濒临危机。世界革命即将到来”，并要进行阶级斗争。

其二是纳粹主义。和共产主义势力相同的是，纳粹党的成员也大多是出生于 20 世纪头十年（1900 年—1909 年）的年轻人，比如后来成为党卫队首领的希姆莱就出生于 1900 年；希姆莱的下属、国家安全总局局长、与希姆莱共同主导了犹太人大屠杀的海德里希出生于 1904 年。

他们这一代人没有第一次世界大战的从军经验，是听着战争的故事长大的。从孩提时代起，他们的记忆中就有了战前德意志帝国的荣光。因此，面对战败后的落差，他们的心中有种无从发泄的愤慨：“是谁把德国变成现在这样的?”对于这样的他们来说，《魏玛宪法》与《凡尔赛条约》一样，都是战胜国强加给德国的东西，都只不过是犹太人和马克思主义者的劣作，他们对此也不抱有任何留恋。

长谷部：实际上，对于年轻劳动者来说，《魏玛宪法》并不是那么坏的宪法。倒不如说，《魏玛宪法》充分地保障了劳动者的权利。在劳动者的权利得到了保障的前提下，劳资双方共同决定的、同样也通用于当今日本的八小时工作制得到了实现。

石田：您说的没错。此外，《魏玛宪法》也使德国领先世界实现了失业保险制度，保险金是劳资双方平摊。

但是，国民并没有真正享用到《魏玛宪法》的果实。换句话说，虽然，《魏玛宪法》提出了许多优秀的理念和目标，但由于严重的国内对立和党派对立，这些理念和目标大多都化为了泡影。国民当初满怀的期待也变成了深深的失望。另一方面，在企业和财界，许多人认为保障国民生存权的宪法会阻碍经济发展。在这一背景下，将打倒资本主义作为党的基本方针的共产党势力不断增强。统治阶层感受到了共产党的威胁，于是开始帮助反《魏玛宪法》、反共产主义的急先锋纳粹党。由此，社会上也有越来越多的人开始支持纳粹党。

■ 纳粹党不是"为了劳动者的政党"

石田：关于纳粹主义和纳粹党，存在着因其译名而产生的误解，请允许我来指出这一点。

长谷部：是什么误解呢？

石田：纳粹主义“Nationalsozialismus”通常被翻译为“国家社会主义”，纳粹党“Nationalsozialistische Deutsche Arbeiterpartei”通常被翻译为“国家社会主义德国工人党”[1]。

但是，这样的译法会使人们误解纳粹的本质。

“Nationalsozialismus”的“National”在这里的含义不是“国家的”，而是“国民的”，或者说“民族的”。纳粹主义的思想不是以国家为先，而是以国民、民族为先。因为对于希特勒来说，国家只是服务于国民、民族的工具。因此，将纳粹主义和纳粹党分别翻译为“国家社会主义”和“国家社会主义德国工人党”，我认为并没有正确地表达出其原本的含义。

还有很重要的一点是，其党名中“社会主义”和“工人党”的含义。看到这个名称，也许会有人误以为纳粹党是拥护劳动者权利的政党，但纳粹党并不是工人政党。虽然名字里带有“社会主义”，但它其实是指与鼓动阶级斗争和革命的马克思主义毫无关系的共同体主义。

纳粹党诞生于第一次世界大战之后的德国，它在政

1 我国一般翻译为“民族社会主义德意志工人党”，此处根据上下文需要采用日语原文译法。

治上是反革命的激进右翼政党。在社会上，它的主要支持者是中产阶级。纳粹党企图阻止受到俄国革命影响的工人阶级投身国际革命运动，并企图剥夺他们的阶级意识，取而代之将国民意识、民族意识强行灌输给他们。

长谷部：总而言之，纳粹党原本就是反共产主义的激进右翼政党。这一特征也是纳粹党成功接近以兴登堡为首的保守势力的踏板。

石田：是的。

在 20 世纪 30 年代初的大萧条时期，势头正盛的纳粹党和共产党占据了德国国会超半数席位，因此，国会真正能召开的次数屈指可数。于是，在国会之外，街头成为了政治斗争的场所。与此同时，密室政治愈演愈烈。

一些政治家想要消除国民对于政治的不信任，因此而诉诸公开舆论，但此时德国政治中出现的问题已经无法在平稳的状态下得以解决。在如同内战般激烈的党派对立之中，在充斥着政治暴力的状态之下，"哪位政治领导者想要做什么"之类的政治动向通过大众媒体的聚焦如剧目般轮番上演。

与魏玛末期相似的现代日本政治

长谷部：从"没有经常发生街头暴力"这一角度来看，

也许日本的现状并没有当时的德国那么严重，但也有与德国相似的部分。

我在第一章中也曾提到过，在这一时期，德国国会已经无法充分发挥作用。进入 20 世纪后，大众开始参与到政治之中，曾经的名门望族政党变得难以为继，只有作为组织型政党的成员才能进行政治活动。在魏玛共和国中，支撑大众政治的制度是比例代表制。

在比例代表制之下，投票的纪律被强化。因为候选人是按照政党干部所列出的名单顺序当选为议员，所以他们必须按照政党干部所说的去做。这样一来，虽说议会会进行公开讨论，他们却无法提出自己的不同意见，只能说“确实如您所说”等场面话，审议过程也变得徒有其表。

议会主义的理念——“通过公开讨论，来追求客观的公共利益”——也变成了空谈。最后，甚至沦为密室政治，即通过密室内的谈判而作出决定。表象与现实的背离就这样赤裸裸地展现在了公众面前。

石田：第二次安倍政权也被指出过存在同样的问题，即在现在的自民党中，已经没有敢反对党干部的政治家了。

长谷部：就现在的日本政治而言，特别是众议院，虽然是小选举区比例代表并立制，但主体还是小选举区制。

然而，与英国的小选举区制不同，在日本是由政党的中央组织来决定各选举区的候选人的；而在英国则是由各选举区的党组织来决定。因此，我刚才所提到的在战前德国比例代表制中出现的现象也同样在日本的小选举区制中出现了。

关于无法反对党干部这件事，先不论对错，日本与战前德国的情况十分相似。

石田：在德国，第一次世界大战前的德意志帝国是小选举区制度。在进入魏玛共和国时期之后，曾经将名门望族政治视为理想政治的人们呼吁取消比例代表制、重回小选举区制度的声音也始终不曾断绝。事实上，在魏玛末期，选举制度改革是经常被讨论的话题。

如何看待议会制民主主义的局限性

长谷部：施米特尖锐地指出了当时的议会制民主主义的局限性，对其进行了强烈的批判："现在这种议会制民主主义毫无道理。"但也有法学家发表了完全不同的意见。

比如，著名法学家汉斯·凯尔森就主张"不应对议会主义抱有过高的期待"。他在《民主主义的本质与价值》（1929年出版）一书中表明了自己的观点。

凯尔森认为："关于'什么是正义''什么是公共利益'的斗争和对立在客观上是不可能被解决的。"民主主义能做的充其量只是将"社会上存在着有各种不同想法和利害关系的人"这一事实尽可能正确地反映给议会。

之后，议会中那些所谓的精英能对此采取行动，通过彼此妥协来维持社会的和平，这样不就可以了吗？议会制民主主义在政治方面能做到的充其量也就是这种程度。

如果凯尔森的这一观点说得通，关键就在于要尽可能正确地向议会反映人们对于政治的不同见解。这样看来，比例代表制其实也不错，不是吗？

石田：魏玛共和国的比例代表制是每六万票对应一个议席的完全比例代表制，并不是像战后德国的《联邦选举法》中所规定的"5% 条款"那样为了获得议席而设定政党的最低得票率。可以说，比例代表制基本上做到了将选民们的各种意见原封不动地反映给议会。

长谷部：凯尔森还认为命令委任制度（议员的发言和投票受到其所属的选区选民约束的制度）也不错。不过，他的意见说白了就是"议会制民主主义就是这个样子，忍一忍吧"的意思，可这样的主张到底能有多少吸引力呢？

石田：几乎没有吧。

解读纳粹党的纲领

石田：在这种政治停滞以及民众由此而产生不满的状态下，纳粹主义的势力不断扩大。为了进一步了解纳粹党的本来面目，让我们来看一下纳粹党所提出的二十五点纲领（1920年）。

《纳粹党二十五点纲领》

一、我们要求基于民族自决权，所有德意志人联合为大德意志帝国。

二、我们要求德意志民族享有与其他民族平等的权利，废除《凡尔赛条约》和《圣日耳曼条约》。

三、我们要求国土和领土足以养育我们的民族以及安置我们的过剩人口。

四、只有德意志同胞才能取得德意志公民的资格。无论信仰如何，只有拥有德意志血统者，才是德意志同胞。因此，犹太人不能成为德意志公民。

五、凡在德国的非德意志公民，只能被视为侨民，必须服从侨民的相关法律。

六、只有德意志公民，才能享有决定德意志国家的政治和法律的权利。因此，我们要求一切公职，无论何种类型，无论联邦、州、市，都必须由德意志公民担任。

七、我们要求国家的首要义务是确保其公民的生计和生活。如果国家不能养育其全部人口，则外国人（非德意志公民）应被驱逐出境。

八、今后，禁止非德意志人迁入德国。我们要求将 1914 年 8 月 2 日以后迁入德国的所有非德意志人驱逐出境。

九、所有德意志公民应享有同等的权利和义务。

这九条纲领体现了民族自决、大德意志、对于公民的重新定义，以及对于犹太人的排斥。

长谷部：所谓大德意志，首先是将德国和奥地利合为一体了。

石田：是的。不过其大背景中有世界历史的大潮流在发挥作用。

在欧洲，从第一次世界大战到战后不久，俄罗斯帝国、哈布斯堡帝国和德意志帝国这三个庞大的帝国轰然倒塌。之后不久，奥斯曼帝国也灭亡了。结果，从中欧到中东，有许多“国民国家”[1]诞生了。

另一方面，在经历第一次世界大战这一总体战的过

1 “国民国家”：英语“Nation-State”的对应译语，中文一般译为“民族国家”，但这一译法容易引发“单一种族的‘民族’（ethnic group）组成一个国家”的误解，历史上因为对这一定义的误解或者刻意误用，发生过像纳粹进行所谓“民族净化”而造成的悲剧，实际上其原意是“一个国家的全体公民（不分民族血统）作为一个政治共同体，国家主权也归属于全体国民”，因此“国民国家”这一译法更为准确。——编者

程中，大众开始参与政治。因此，民族自决的气势逐渐高涨。

在已经灭亡的哈布斯堡帝国中，处于统治民族地位的德意志人和德意志帝国的德意志人认为他们能够依据民族自决的原理建立一个国家。他们的这一想法被称为“国家合并”（Anschluss），得到了因多民族帝国解体而沦为小国的奥地利的强烈支持。在奥地利的临时国民议会中，甚至通过了“奥地利是德意志共和国的一部分”这一决议。

长谷部：在《魏玛宪法》的条文中也能感受到奥地利对于“国家合并”的期待。《魏玛宪法》第六十一条第二项规定：“奥地利在合并于德国之后，将获得参与共和国参议院的权利。”

石田：但是，奥地利的这一期待在第一次世界大战的战胜国的干涉下落空了。因为《凡尔赛条约》规定，禁止德奥的“国家合并”。

对于战败国德国而言，《凡尔赛条约》可以说过于苛刻。德国国民对此的批判声此起彼伏，质疑政府为什么要接受如此苛刻的条约。因此，大德意志主义、民族自决的主张被认为是德意志民族在表达自己未曾实现的愿望，同时也是对于接受了不平等条约的魏玛共和国的激烈反抗，而且，它还传达出了“我们坚决否认‘战后国际秩序’，否认‘凡尔赛体系’”这一信息。

■ 被重新定义的“国民”

石田：纳粹党想要通过这一纲领来重新定义国民。

长谷部：只有拥有德意志血统者，才是德意志同胞，即国民。因为犹太人不是德意志同胞，所以，犹太人不能成为德意志国民。当我们现在再来看这一条款时，会觉得它是非常激进的。

石田：是的。一般来说，犹太人的定义是“犹太教徒，或其母亲是犹太教徒的人”。但是，纳粹党将犹太人看作人种的分类之一。因为“犹太人种”与德意志人的“雅利安人种”不合，所以，犹太人不能成为同胞，即民族同胞或国民。另一方面，只要继承了德意志人的血统，“无论信仰如何”都是德意志同胞。

第一次世界大战后，德国社会内部分裂严重。在各种场合，国民之间的对立与敌对都十分明显。为了解决这一问题，纳粹党想通过赞颂属于同一人种的“民族同胞”和“民族共同体”来重新定义国民。

长谷部：重新定义意味着什么呢？

石田：比如，在此之前，在德国的犹太人被看作德国国民，他们以国民的身份在德国生活着。但是，从今以后，因为犹太人的血统与德意志人不同，所以他们不能再像之前一样以国民的身份生活在德国。

希特勒所喜欢的“民族共同体”（Volksgemeinschaft）一词，其实并不是希特勒的专利。德语的“Volk”一词中包含了“民族、国民、人民、民众”等多个含义，所以，这个词在 19 世纪以后被右翼和左翼同时视为珍宝。在第一次世界大战开战时，“Volk”一词被用来呼吁德国国民团结起来。

希特勒给这个词赋予了“种族主义”的含义。也就是说，可以归属于民族共同体的只有雅利安人种，除此之外的非雅利安人种，尤其是犹太人，就是雅利安人种的“敌人”。希特勒主张，充其量只能将犹太人当作“外国人”来对待，在紧要关头更是必须将犹太人驱逐出境。

长谷部：这正是施米特所说的“敌友之分”。

“难民问题”为纳粹党赢得了更多支持

石田：要说为什么犹太人受到如此敌视，可以追溯到中世纪基督教社会的反犹主义。但如果仅依据这个，其实很难说通。实际上，19 世纪之后，在法国大革命的影响下，犹太人逐渐在德国的一些地方获得了公民权。

德国全国的犹太人最终实现法律平等是在 1871 年俾

斯麦统一德国（建立德意志帝国）时。在帝政时期，德国社会上反犹主义盛行，还出现了将犹太人视为人种的反闪米特主义（anti-semitism）。即便如此，犹太人的社会地位仍然有所提升。

转折点出现在第一次世界大战。一战后，从旧沙俄帝国逃亡出来的犹太人大量涌入德国。他们被称为“东方犹太人”（Ost juden）。与拥有公民权的、定居德国的犹太人不同，不会说德语的东方犹太人保留着其独特的生活文化，比如穿土耳其长袍等。

纳粹党纲领的第八条中提到的“1914 年 8 月 2 日以后迁入德国的所有非德意志人”就是指这些东方犹太人。

长谷部：现在看来，当时德国的情况与叙利亚内战以来的难民问题相似。

石田：是的。纳粹党巧妙地利用了国民对于东方犹太人的恐惧心理、不适感和危机意识，主张“犹太人无论是什么时候从哪里迁入德国的，全都是外国人，是异族，是敌人”。

长谷部：但是，当时许多人只是反对拥有其他民族文化的人大量涌入德国，并非赞同“犹太人是应该被歼灭的敌人”这一主张。

石田：这其中当然还有其他原因。

在战败后的德国，流传着“战败也好，战败后的穷困潦倒也罢，都是因为犹太人”这种毫无根据的言论。

在魏玛共和国初期的国会中，兴登堡在负责查明战败原因的委员会中提供证词时，编造了德意志帝国军队的“不败神话”。他说，军队并没有在战争中失败，战败的原因是因为国内的反战运动和革命派。这就是当时广为流传的“刀刺在背（背后一刀）”谣言。

长谷部：这是一种阴谋论。

石田：是的。在纳粹党发展起来之前，国民大多相信了这一谣言。国家人民党等保守派也将其作为诽谤、中伤左翼势力的政治工具大肆宣扬。他们断定，在战争中贪图暴利、煽动革命的犹太人正是“背后一刀”的罪魁祸首。

借用现在流行的说法来说就是假新闻、后真相（post-truth）的时代来临了。

在中产阶级不满时趁虚而入的纳粹党

石田：犹太人被视为眼中钉还有一个重要原因，那就是当时支持纳粹党的中产阶级，尤其是“旧中产阶级”，具体来说就是面临落魄危机的昔日手工业者、个体经营者、小农、下级官吏等，他们的反犹太倾向很强。我们来看一下《二十五点纲领》中其余条款的关键词吧。

《纳粹党二十五点纲领》

十、每个德意志公民的首要任务是从事体力劳动或脑力劳动。个人的活动不得损害集体的利益，必须在集体的框架内进行，并有利于集体利益。因此，我们要求：

十一、取缔不劳而获的收入，废除利息奴隶制。

十二、将个人通过战争获取财产的行为视为犯罪，没收一切战时所得。

十三、将一切托拉斯（一种垄断组织）收归国有。

十四、分配大企业的利润。

十五、完善养老保障。

十六、培育健全的中产阶级；将大型百货商店立即公有化，并廉价租与小工商业者。

十七、进行土地改革，无偿征用以公共利益为目的的土地，废除地租，禁止进行土地投机活动。

十八、严厉打击危害公共利益的人。卑劣的犯罪者、高利贷者、黑市商人等必须处以死刑。

十九、用德国的普通法代替服务于唯物主义世界秩序的罗马法。

二十、完善国民教育制度。

二十一、提升国民健康水平，保护母亲和孩子，禁止雇用童工，实现体操和体育的义务化。

二十二、取消雇佣军，创建国民军。

二十三、制定法律，禁止蓄意的政治谣言及其在报纸、杂志上的传播。

二十四、在不违背日耳曼种族风俗的前提下，允许宗教信仰自由，积极宣扬基督教精神，消灭犹太唯物主义精神，公共利益优先于个人利益。

二十五、在德意志帝国内，建立强有力的中央集权。

这些条款中的每一条都考虑到了当时中产阶级的利益。

在帝政覆灭后的德国，有许多中产阶级都担心自己的前途。中产阶级身处将强大资本作为武器、推进经济效率化的大企业经营者和在社会民主党政权下势力不断增强的劳动者阶层的夹缝之中，担心着自己的命运会就此没落。他们之所以会这样想，还有一个原因就是并不存在代表中产阶级的有力政党。在这一背景下，纳粹党有了趁虚而入的余地。

长谷部：废除地租等，可以说是非常左翼的措施。

石田：是的。如果从这一角度来看，纳粹党很容易被误认为是社会主义运动。但实际上，如果仔细观察纳粹党的行动模式和言行举止，就会明白事实并非如此。即使纳粹党在其纲领中提出了激进的内容，大部分也都是挂羊头卖狗肉。

不过，确实有人被纳粹党中存在的左翼倾向所吸引而加入纳粹党，比如戈培尔。

但是，希特勒自身明确地与这一倾向划清了界限，并且最终抛弃了这一倾向。可以说，希特勒对于私有财产的处理等资本主义的基本结构并无兴趣。

纲领第十六条提到的百货商店的公有化，其主要目的也是为了从“犹太资本”那里守护零售业。在当时，百货商店，以及在如今的日本被称为“百元店”的这类新出现的店很受欢迎，而这些商店大多是由犹太人经营的，所以，纳粹党才会将“百货商店的公有化”列入纲领之中。

否定个人主义的纳粹党纲领

石田：纲领第十九条的内容很有意思。用德国的普通法代替罗马法，其实就相当于否定了罗马法。“服务于唯物主义世界秩序的罗马法”，这是对于罗马法的偏见吧？

长谷部：在德国的法学史中，罗马法被看作个人主义的起源。这是弗里德里希·卡尔·冯·萨维尼等人在19 世纪初期所提出的主张。此外，在德国，罗马法作为支撑以个人资产为前提的交易秩序的法律而发挥作用。

但是，“罗马法本来就是个人主义性质的、个人权利的源泉”这一理解并不正确。现在，人们普遍认为，在罗马法中并不存在现在所说的“权利”这一思考方式。

但在当时，人们普遍相信罗马法是个人主义的源泉。

石田：这样一来，纲领第十九条就会被理解为“否定了个人主义”。

长谷部：是的。社会上普遍认为，替代罗马法的日耳曼法是具有共同体性质的法律。这一看法在多大程度上是正确的，也存在争议。

石田：确实，纳粹党一直在强调“公共利益”。纲领第十条也是如此。如果“个人的活动不得损害集体的利益”，那么纳粹对于罗马法的否定也能用集体主义的逻辑来理解吧？

长谷部：我认为是这样的。

民族共同体打破了阶级意识

石田：这也许与纳粹吸引大众的另一个原因有关，即“民族共同体”。人们普遍认为，“民族共同体”不仅是一个词，也是在实际生活中可能实现的一种社会的存在方式。

“民族同胞”通过平等主义和实力主义创造出充满活力的社会，使此前因阶级、身份、家世、籍贯、宗派等的不同而难以凝聚在一起的德国社会，通过彼此联系、奉献、自我牺牲，形成一个民族共同体。希特勒也在演讲中反复提到："如果德国能成为一个整体，你也会变得更加强大。"

普通人如何看待纳粹时代的到来呢？在这里，我想引用一段很有意思的证言。这是在 1933 年 1 月 30 日希特勒就任总理时，在某个有仆人的家庭里发生的事。其作者在战后回想起这件事，于是写成了文章。接下来这段内容引用自《世界史史料 10》(岩波书店)。

……(我们家的)女缝纫工说："如今，女仆可以不在厨房做饭的时代已经来临了。"虽然我妈妈经常友好地款待仆人们，但是，对于我妈妈来说，和仆人们一起吃饭是一件非常荒唐的事情。

从来没有像民族共同体这一口号这样吸引我的东西……是我对于"所有阶层的人同心协力，像兄弟姐妹一样生活在一起"这一状态所抱有的期待，将我和这个空想的理想社会联系在了一起。

(M. 马修曼《结局》，1963 年)

长谷部：当时，普通百姓的心理是，虽然无法对共产主义想要破坏资本主义的做法产生共鸣，但也对于阶级间的不平等抱有不满。而民族共同体这一口号则恰好迎合了普通百姓的这一心声。

■ 吸引了年轻知识阶层的“保守革命”

石田：在魏玛共和国相对稳定的 20 世纪 20 年代后期，工人运动和左翼政党在城市的发展势头正盛，因此，纳粹党想在农村另辟蹊径。然而，大萧条的爆发完全改变了这一现状。纳粹党的支持者从中产阶级向社会各阶层扩散，最终，纳粹党获得了大量支持者。

大学生和知识阶层也不例外。在希特勒政权诞生前，纳粹系学生同盟掌握了全国学生联盟的领导权。但是，如果要说学生们是否完全钦佩希特勒的思想，这是一个疑问。实际上，即使将希特勒所著的《我的奋斗》一书放在当时的背景下阅读，我也不认为知识分子会被如此粗暴的言论说服。

长谷部：确实，《我的奋斗》中写的是非常简单的、有关生存竞争的内容。比如，“只有强者才能存活下来”“弱者被除掉是理所当然的”这种简单的语句。

即使是后来加入纳粹党的施米特，也像我在前文中介绍的那样，原本非常讨厌纳粹。在希特勒就任总理那天，施米特因为过于心灰意冷，甚至没去大学讲课。施米特在当天的日记中写道：“今天没去讲课。实在是没有工作的心情。现在的情况真是荒唐至极。”虽然施米特并没有从一开始就认同纳粹主义，后来却在某一时间点被纳粹主义吸引。这究竟是为什么呢？

石田：在充分观察了这一时代的右翼思想之后，我发现纳粹主义没有什么独创性，只不过是将现有思想拼凑起来。那么，当时引人注目的、崭新的思想存在于哪里呢？它存在于“非纳粹右翼”（“非纳粹新保守”），其代表是由青年保守派所领导的“保守革命”的思想潮流。

长谷部：具体来说，是什么样的思想潮流呢？

石田：所谓青年保守派，是代替因战败和帝政覆灭而动摇的传统保守主义者的年轻一代保守派精英，其主要的领导者是旧贵族中的年轻人和市民阶层，他们之中有许多人在不久后就加入了纳粹党。1919 年，有一位名为爱德华·施塔德勒（Eduard Stadtler）的青年保守派代表在柏林进行了如下演讲。

旧的传统已经全部灭亡了。政府和政党、大学和教会都哑口无言。旧的传统已经无法鼓舞人们。所有人都在官僚化的传统和现世的穷困的束缚之下疲惫不堪，像老人一样低垂着头。正因如此，德国的青年必须站起来，以精神为武器，通过语言和行动，拔出沾满鲜血的剑，守护民族的圣经。

青年保守派正在演奏其特有的乐章，他们已经不需要再用农业家联盟的利益、新教教会的宗派地位、煽动性反犹太主义以及制度拜物教意义下的君主主义来为自己代言。倒不如说，青年保守派是充满生气的“革命家”。

保守和革命——乍一看是矛盾的，但其中自有它的道理。

青年保守派将自己与“反动”严格区分开。他们认为自己与拥有陈旧价值观和紧抓着已经失去的特权不放的帝政派、复古主义者不同。

此外，青年保守派还与代表个别利益的一切政党划清界限，可以说，青年保守派是超越党派的“第三党”（die dritte Partei），是效忠于全民族的“领导者”。

想要否定《魏玛宪法》的新保守派

石田：对于青年保守派来说，应当保守的“永恒的价值”并不存在于魏玛共和国的现实之中。因为不存在，只好将其创造出来，所以无法避免使用“破坏”这一手段。通过打破现状，创造出应当保守的“永恒的价值”，这就是所谓的保守革命。

长谷部：也就是说，这其中包含着对于魏玛共和国或《魏玛宪法》的否定。

石田：是的。施米特的影响遍布全国，与此同时，著有反魏玛巨著《劣等人的统治》(1927 年出版)的埃德加·尤里乌斯·荣格(Edgar Julius Jung)将保守革命的本质阐述如下：

所谓保守革命，是重新发现所有根本原则和根本价值。如果没有这些,人类就会失去与自然和神之间的联系，从而无法建立起真正的秩序。因此，应当实现的不是平等而是内在的价值；不是社会信念而是公正地编入阶级社会；不是机械的选举而是有机的领导者的成熟；不是官僚的强制而是通过真正的自治而产生的内在责任；不是大众福祉而是民族共同体的正义。

长谷部：在这里所说的平等、社会信念，是《魏玛宪法》所保障的理念。

我在前面的讨论中也提到过，在意识形态发生冲突的情况下，完全比例代表制会导致议会无法充分发挥作用，所谓机械的选举正是在对这一点进行批判吧。单纯地计算各方面的利害关系，不可能实现真正意义上的民族统一。

为保守革命与纳粹主义架起桥梁的知识分子

石田：荣格主张实现领导者的有机成熟以及民族共同体的正义，这与纳粹主义有很强的亲和性。

但是，保守革命并不同于纳粹主义。在荣格看来，纳粹党也只不过是不负责的、无定形的大众运动。他认为真正的德国革命不可能通过政党运动实现。

但是，在现实的政治世界中，除纳粹党之外，还有哪股势力拥有可以打破现状的力量？虽然没有教养的希特勒不值得被信任，但是，打倒共和国、冲破凡尔赛体系、开辟新时代等目标是二者共同的目标。他大概是这样考虑的。

成为纳粹党员、跨过横亘在保守革命与纳粹主义之间鸿沟的正是哲学家马丁·海德格尔和公法学家卡尔·施米特。

长谷部： 您说的话让我受益匪浅。因为我之前并没有意识到保守革命与施米特的言论密切相关。

石田： 有许多人支持保守革命，他们的观念都很保守。其中非常有名的是《第三帝国》（1923 年出版）的作者阿图·莫勒·凡登布鲁克（Arthur Moeller van den Bruck）。他因上述“第三党”的思想而闻名，曾经写下了“民族因为自由主义而灭亡”这句意味深长的话。

领导共和国末期右翼论坛的月刊《行动》的主编汉斯·策勒与施莱歇尔政权关系密切。在战后，在 20 世纪 50 年代的西德，他成为了保守系日刊《世界报》（*Die Welt*）的主编，从背后支持阿登纳政权。

长谷部：至少在 20 世纪 30 年代初期，施米特还不是纳粹主义者，而只是保守主义者。在这一点上，他与巴本和施莱歇尔比较相似。

石田：荣格也是如此。当时巴本所提出的“建立‘新国家’”的构想并没有赢得国民的支持，荣格为了使巴本的这一构想正当化而为其进行了舆论辩护。希特勒政权诞生后，荣格成为了巴本副总理的顾问。但因为替巴本写了反希特勒演讲（1934 年）的演讲稿，荣格在“长刀之夜”（罗姆事件）中被杀害。

长谷部：从法学观点来看，施米特提出了各种想法，其中就有“制度性保障”这一概念。最近，也被翻译为“制度保障”，其含义是“在德国的传统制度中那些需要得到保障的东西，尤其是应在宪法中加以规定而守护的东西”。比如，大学自治、地方自治、教会和家族制度。

用法学的语言来说的话，比如“宪法中所规定的大学自治”与“每个国民的学习自由应该得到保障”之间是没有关联的。“制度保障”并非是保障每个人与生俱来的人权，而是通过宪法来守护德国社会固有的传统。

在进入 20 世纪 30 年代后，施米特开始强调守护这种传统价值的重要性。所谓保守革命的概念，让我想起了这件事。

石田：是在探寻应当保守的“永恒的价值”吧。在这里我想说明一下成为保守革命前提的“近代批判”的脉络。

从 19 世纪后半期开始到 20 世纪初，在德国，人口激增、经济规模扩大以及产业化、都市化、世俗化不断发展，导致家庭和地域共同体解体。在 19 世纪，势头正盛的自由主义促进了个人主义的发展，大家都变成了一个又一个独立的个体。在这种情况下，必须将人们重新结合起来成为一个整体。因此，联系和纽带这类词开始被反复使用。

在魏玛时期的政治中，没有替新保守主义发言的人，这也是导致新保守主义的支持者最终流入纳粹的原因之一。大学生们接受了纳粹党，纳粹党则将保守革命的用语据为己有。

刚才所提到的凡登布鲁克所著的《第三帝国》这本书的书名也被纳粹主义夺走，变成了纳粹德国的代名词。民族共同体的重组和强化、分裂的克服，这些保守革命的论客所重视的论点也被纳粹用于其政治宣传中。

长谷部：但是，从根本上来说，纳粹主义和保守革命是不同的。实际上，施米特加入纳粹党并进行活动的时间非常短暂，没过多久就被赶下台了。

石田：回顾我们在本章中讨论的内容。最开始讨论的是从时代的闭塞感向政治不信任、政治的剧场化和过激化演变的过程。然后讨论了由于经济结构的剧变而对未来感到不安的下层人民和中产阶级被阴谋论操控，变成了反犹太主义者、排外主义者。

最后讨论了学生和年轻知识阶层谋求实现应当保守的民族的“永恒的价值”，以及他们希望打破现状的心理。然后介绍了施米特一直强调传统的家庭和教会应当保守的价值。

虽然盲目类比是大忌，但我们可以看到，在德国国民开始倾向于支持纳粹主义的背景和主要原因中，有与现代日本相通的东西。

长谷部：我作为一名保守主义者，即想要守护《日本国宪法》所宣扬的理念的人，以我的观点来看，完全无法称之为保守的安倍晋三首相以及改宪派的政治家们获得了国民相当多的支持，这一点也与德国十分相似。

石田：为了不重蹈覆辙，必须要以史为鉴。

第三章 战后德国如何筑起防波堤

——似是而非的《波恩基本法》“紧急状态条款”

“主权独裁”这一诱惑

长谷部：从本章开始，我想将目光转移到战后德国，并对其进行讨论。

在第一章中，我们讨论了紧急状态条款与纳粹独裁之间的关联；在第二章中，我们讨论了德国国民支持纳粹主义的原因。在本章中，我想探讨的是，战后德国基于历史教训制定了什么样的宪法，又是如何对待被认为是招致独裁的主要原因的紧急状态条款。

石田：在此之前，我想基于《魏玛宪法》的历史教训来思考国家紧急权的问题。原本，所谓国家紧急权是指当战争、内乱、恐慌或大规模自然灾害等发生时，在平时的统治机构无法应对的紧急状态中，国家权力为维持国家的存续，临时停止立宪的宪法秩序并采取非常措施的权利。所谓立宪的宪法秩序，即基本人权的保障和权力分立。

长谷部：是的。《魏玛宪法》中的总统紧急措施权内容包括限制国民的基本人权、承认行政的立法权、使权力集中起来等。

石田：当然，归根到底，这些都是临时措施。《魏玛宪法》所设想的是危机解除后就立刻恢复到原来的宪法秩序。这相当于施米特所称的“委任独裁”。

但是，兴登堡以国会的混乱为理由而滥用总统紧急令，使议会制民主主义变得名存实亡。于是，希特勒总理趁热打铁，破坏了立宪主义。他以国会纵火案为借口，让总统发布实际上无期限的紧急令，然后强行使《授权法》通过，以此掌握了全部权力。在国家恐怖主义横行的国会选举中，纳粹党明明只获得了 43.9% 的选票，希特勒却仿佛是国民意愿的体现者一样，将“委任独裁”的规定作为杠杆，实现了“主权独裁”。

长谷部：施米特也以《魏玛宪法》第四十八条为依据，说“主权独裁”可以实现。

石田：因此，《魏玛宪法》的历史所抛出的问题是，即使一开始想要实行的是“委任独裁”，但是一旦在宪法中规定了国家紧急权，执政者就有可能利用这一点，超越宪法的规范，被“主权独裁”这一诱惑所驱使。

被托付了国家权力的人能战胜这一诱惑吗？或者说，为了战胜这一诱惑，应该做些什么呢？需要筑起什么样的防波堤呢？让我们以战后德国为例，来思考这些问题吧。

■ 曾一度被废止的紧急状态条款

长谷部：战后德国从这一历史中学到了什么呢？战后联邦德国的宪法被称为《波恩基本法》，制定于1949年。《波恩基本法》最初并没有将相当于《魏玛宪法》第四十八条的紧急状态条款的内容加入其中。

但是1968年，通过第十七次《基本法》修改，紧急状态条款又被加入到该法之中。在这将近二十年的时间里，情况在不断发生变化。

石田：是的。但是，在《波恩基本法》草案的制定阶段，并没有加入紧急状态条款相关的内容。

令我感到不可思议的是，社会上普遍认为，虽然《魏玛宪法》第四十八条在魏玛末期为纳粹独裁开辟了道路，但是在魏玛初期，它却镇压了革命动乱和激进右翼发起的政变，为政治和社会的稳定贡献了力量。因为召开起草会议的1948年夏天正是苏联军队进行“柏林封锁”的时期，所以，这种观点愈发强烈。

在之后的议院评议会中，经审议删除了草案中的紧急状态条款。在我看来，其原因有二：一是对于难以避免其滥用而产生的不安；二是西方战胜国希望在德国有重大事件发生时，能确保己方阵营有处理事务的全部权力。

■ “为了恢复德国的主权”是场面话？

长谷部：曾一度被废止的紧急状态条款在不久后又改头换面重新复活了，其中最主要的原因是什么呢？

石田：大致来说，推进派的主张“这是与德国主权相关的事情”得到了认可。但他们也补充道，将紧急状态条款加入宪法中，并不是成为主权国家的必要条件，而为了尽早取消掌握在西方战胜国手中的紧急状态应对权限，这才是真正必要的。

在第二次世界大战中也以战败收场的德国被战胜国美国、英国、法国、苏联直接占领并夺走了一切主权。从 1945 年开始，在此后的四年间，被分割占领的德国并没有作为国家而存在。可以说，德国这个国家已经灭亡了。

1949 年 5 月，西德作为临时国家建立，是主权受到限制的准主权国家。直到 1990 年两德统一，才成为完全的主权国家。

战后德国的情况与通过《旧金山和约》(1952 年生效) 达成“主权恢复”的战后日本完全不同。二战后，日本虽然被占领，但仍拥有政府。

长谷部：在 1949 年的《波恩基本法》颁布两年后，西德仍然没有外交权，也不存在外交部，而且还被联合国设定了禁飞区。

石田：是的。在西德恢复主权的过程中，美英法这西方三国和西德政府所缔结的条约十分重要。这是一份关于结束占领西德的条约，被称为《波恩条约》(1952年)，其第五条第二项的内容如下。

《关于三国和德意志联邦共和国之间关系的条约》（《波恩条约》）

第五条第二项　关于驻留西德的军队安全，当在三国管理下的德国当局拥有为保护三国的军队安全而采取有效措施的能力时，三国一直以来所保留或行使的权利将会基于德国的法律立即取消。这其中也包括应对重大公共安全和秩序问题的能力。

长谷部：也就是说，现阶段，驻留在西德的美英法三国在西德具备紧急状态法制之前，仍可以保留它们在西德的权利。但是，在西德政府具备紧急状态法制之后，美英法三国的权利就会被取消。

石田：“三国一直以来所保留或行使的权利”这一点是《波恩条约》的特别之处。西方三国在西德发生重大事件时，为保护自己国家驻留在西德的军队安全（不是为了保护西德国民），拥有发出紧急状态宣言的权利。

当时，西方三国在西德领域内可以随心所欲地拆开信件、监听电话等，这是对于西德国民基本权利的侵害。

具备紧急状态法制对于尽早结束这种半占领状态（也有人称之为半殖民地状态）、确保德意志联邦共和国的国家独立是非常必要的。

长谷部：虽然可能会有些跑题，2013 年爱德华·斯诺登所披露的机密信息表明，美国国家安全局（NSA）在全世界范围内收集了大量电话和网络通信数据，并对同盟国首脑进行窃听。在德国，《明镜》周刊也曾报道过，默克尔总理的手机也被窃听了。美国在全世界做着同样的事。

石田：确实如此。事实上，有人认为取消“三国一直以来所保留或行使的权利”也是场面话，只不过是说说罢了。

德国政治学家汉斯·卡尔·鲁普（Hans Karl Rupp）指出，着手准备紧急状态法制的内政部长格哈德·施罗德似乎认为工会的总罢工以及学生反体制运动的高涨也相当于紧急状态。顺便说一句，内政部长格哈德·施罗德虽然与之后的德国总理同名同姓，但并不是同一个人。

■ 冷战使紧急状态条款复活

长谷部：归根到底，还是不能略过冷战来思考这件事。

石田：是的。因为不能否定东方阵营武力介入的可能性，所以要以防万一。这种观点也有其说服力。而且，与紧急状态条款被从基本法草案中删除时的情况不同，20世纪50年代中期，西德开始重建军备，成立了联邦国防军，还引入了征兵制。军队和警察的相关人员要求实现紧急状态法制的呼声日益高涨。

真正开始公开讨论复活紧急状态条款是在1958年，其契机是内政部长施罗德在警察工会的集会中提到了将紧急状态条款加入宪法的可能性。

要想在宪法中加入紧急状态条款，需要分别在联邦议会和联邦参议院中获得三分之二以上的赞成票。基督教民主联盟、社会联盟（CDU／CSU）在前一年的联邦议会选举中获得了超半数的席位，又向修改宪法迈进了一步，为"加宪"的议论拉开了序幕。

另一方面，在野党也采取了行动。此时，反对紧急状态条款的最大在野党社会民主党正处于低迷状态，在经过了激烈的党内论争之后，为了摆脱"万年在野党"的命运，社会民主党实现了路线上的巨大转变（《哥德斯堡纲领》，1959 年）。

成功实现路线转变并因此收获了更多支持的社会民主党与基督教民主联盟、社会联盟组成联合政权——基辛格联合政权（1966—1969），成为了执政党。

总理基辛格是基督教民主联盟的主席，副总理兼外交部长的勃兰特是社会民主党的主席。紧急状态法制的确立是这两大政党的共同目标之一。

长谷部：这一联合政权的建立是由当时联邦议会的现状和政权存在方式决定的。在这里，我想用宪法学的观点来补充说明一点，即使说是为了取消美英法三国在西德的权利，但有一个问题是："如果不修改宪法，而是修改普通法律，就做不成这件事吗？"如果是这样的话，那么，直接导入反而更简单，不是吗？

在很大程度上，这种方法之所以行不通是因为《波恩基本法》的性质。

《波恩基本法》采取了非常强硬的联邦制，即使是立法权，也是联邦和各州分开的。这是因为战胜国方面担心德国会再次挑起世界大战，所以实行了权力分立。

但是，另一方面，这又使得通过普通法律来实现紧急状态法制变得更难。为了在国家层面上应对紧急状态，需要设立能暂时将权限集中于中央政府的组织架构。因此，在我看来，只能进行宪法修改。

■ 如何避免权力的脱缰

石田：这一讨论持续了十几年，关键在于避免再次出现像希特勒一样的独裁者，因此需要切断使无节制地扩大行政权成为可能的法律途径，在此之上再讨论该如何应对国家的紧急状态等问题。

在 1966 年以前一直是在野党的社会民主党内部也绝不是铁板一块，党内总有不同意见，但是关于“对基本法进行补充，为应对紧急状态做好准备”这一点，社会民主党的领导层很早就与政府、执政党之间达成了共识。

长谷部：也就是说，两党都同意通过“加宪”来进行应对。

石田：是的。但是，关于如何来实现这件事，双方之间产生了分歧。

1960 年，内政部长施罗德向联邦议会提出的法案与《魏玛宪法》第四十八条非常相似。比如，给予行政部门立法权；在紧急状态时，可以限制国民的基本权利等，这引起了各方的强烈不满，并因此成为了废案。

长谷部：可能会有很多读者觉得“在人们关于希特勒的记忆还栩栩如生的时候，保守阵营就如此满不在乎地提出了这样的法案”，但是，当时的背景是反共产主义已经迫在眉睫。

在 1955 年日本自民党的立党宣言中也有“我们会彻底抨击将暴力和破坏、革命和独裁作为政治手段的一切势力或思想”这样的内容。

石田：1933 年，施罗德成为波恩大学法学院的助手，并加入纳粹党。他在魏玛时期持中道保守的立场，所以他也许就是我们在第二章中讨论过的将保守革命的梦想交托给纳粹主义的人。战后，施罗德作为西德阿登纳政权的内政部长，取缔了德国共产党。

限定紧急状态的范围

石田：在施罗德提出的这个法案中，规定通过联邦议会的简单多数表决规则来确定紧急状态。但是，当危险迫在眉睫时，只有总理有确定紧急状态的权限。与此同时，法案中还提到了对于言论自由、出版自由等主要基本权利的限制。施罗德内政部长在联邦议会的答辩中说：“例外状况是行政权的秋天。”

长谷部：“秋天”的含义就是“应该出场的时候”。也就是说，在紧急状态下，行政权应该发挥作用。很明显，这是继承了《魏玛宪法》第四十八条的主旨。

石田：是的。他特意这样说，结果招致了在野党的猛烈反击。

社会民主党将其对于这一法案的批判作为党大会决议（科隆党大会决议，1962 年）公开发表了出来。在这份决议中，社会民主党极力主张的内容包括：明确紧急状态的定义；对紧急状态进行具体分类；不能以紧急状态为借口，对自由民主的基本秩序加以限制；不能限制各州和议会的权限；必须维持联邦宪法法院的作用。这些内容与最终的《波恩基本法》紧急状态条款限制有许多重合的部分。

在施罗德向联邦议会提出法案之后，共有四版修订法案被提交联邦议会审议。最终，当时已经成为执政党的社会民主党赞成了基辛格联合政权所提出的法案。结果来自全国的数万名学生聚集在波恩，发出抗议。在这种情况下，法案以三百八十四票赞成，一百票反对，一票弃权的表决结果通过。

原本，反对紧急状态法制的急先锋是以德国工会联合会为中心的工会运动和学生运动。在他们看来，在如今的联合政权下，联邦议会议员的九成是执政党议员，这是“民主主义的危机”。他们说“不可以将波恩变成魏玛”，并展开了“议会外反对运动”。

长谷部：这里让我们来看一下，在实际的《波恩基本法》中，紧急状态条款是什么样的吧。在《波恩基本法》中，并没有像《魏玛宪法》第四十八条那样，通过特定的条文将紧急状态汇总在一起，而是分散成很多条文。

石田： 首先，可以将紧急状态分为对外的紧急状态和对内的紧急状态。如下所示。

《波恩基本法》中紧急状态的分类

○ 对外的紧急状态

防卫状态（第一百一十五 a～1条）

紧迫状态（第八十 a 条第一项及第二项）

同盟状态（第八十 a 条第三项）

○ 对内的紧急状态

对于联邦和州的存续而言的急迫状态（第八十七 a 条第四项、第九十一条）

灾害状态（第三十五条第二项及第三项）

石田： 首先是“防卫状态”，据第一百一十五 a 条（见本书第 259 页），指“联邦领域是否受到武力攻击或者此种攻击是否近在眼前”。简单来说，就是指被挑起战争时。

接下来的“紧迫状态”是“防卫状态”的前一个阶段，是需要保护一般市民的状态。第三个“同盟状态”是指在类似于北大西洋公约组织（NATO）这种同盟的范围内发生“紧迫状态”。

■ 权力既没有集中到行政机关也没有集中到个人

长谷部：《波恩基本法》中的紧急状态条款与《魏玛宪法》第四十八条有一个很大的区别是，《波恩基本法》规定由联邦议会负责确认“防卫状态”。可以说，这条规定既明确了议会的责任，也防止了行政机关的专断。

石田：关于在紧急时刻该怎么做，在第一百一十五a 条第二项中，设定了联合委员会。联合委员会是由三十二名联邦议会议员和十六名联邦参议院议员，共计四十八名议员组成的常设委员会，也被称为响应紧急状态的“紧急议会”。联合委员会的权限很大，甚至可以制定法律、选出总理。

另一方面，联邦议会可以在获得联邦参议院的同意之后，废除联合委员会所颁布的法律；联合委员会所颁布的法律或命令最晚要在“防卫状态”结束后六个月内或者在“防卫状态”结束后的下一个会计年度结束时失去效力。

顺便说一句，联邦参议院是由构成德意志联邦共和国的十六个州政府的代表组成的合议机关，惯例是由州政府的部长出席。联邦参议院的职责是将各州的想法反映给联邦的立法机关和行政机关。

长谷部：在第一章中我也曾提到过，《魏玛宪法》是半总统制，也就是说，《魏玛宪法》想在总统和议会的紧张关系之中保持平衡，防止权力的专断。但是，由于总统滥用紧急令，这一平衡也随之被打破了。

在《波恩基本法》中，一开始就将紧急状态作为需要议会合议来决定的事项，即使在需要快速作出应对的场合，也不是由总统或总理个人，而是由联合委员会来进行议决。此外，通过在联合委员会和议会全体之间设定紧张关系、明确规定联合委员会所制定的法律的有效期限，来防止联合委员会变成专断的机构。

石田：还有一个重要的论点是，紧急状态条款是否能限制国民的基本权利。

针对这一点，《波恩基本法》中确实加入了“会在不通知当事人的情况下，对其书信、邮件、电报、电话等通信秘密进行限制”“在防卫状态下，职业、工作地点等的选择自由会受到限制”等内容。除此之外，还有“当公民财产权的一部分被公事征用时，给予公民的补偿会与平时不同”和“被司法剥夺自由，即作为嫌疑人被警察逮捕后，拘留的期限会比平时有所延长”这两个特例，仅此而已。在《波恩基本法》中，并不存在像《魏玛宪法》那样任由当权者停止或限制国民基本权利的规定。

■ 关键在于中央与地方的合作

长谷部： 另一方面，关于对内的紧急状态，具有代表性的是“灾害状态”。读者们对“灾害状态”的印象可能是类似于东日本大地震之后，作为灾害对策而不断被提起的紧急状态条款。但是，《波恩基本法》第三十五条（见本书第260页）的内容与日本的情况有些许不同。

举例来说，当日本发生大规模灾害时，比如，在地震发生之后，有大量汽车停在路上，挡住了通行的道路。此时如果挨个确认车主，就无法快速清理，让紧急车辆通过。因此，日本人一般都认为，在发生大灾害时，紧急状态条款可以限制也应当限制国民的部分基本权利。

但是，《波恩基本法》规定的是包括警力在内的联邦与各州的合作。这就只是让联邦与各州超出平时的权限范围，进行合作，并不是限制国民的基本权利。充其量只有转移的自由（第十一条第二项）和住宅的不可侵犯（第十三条第七项）受到限制，仅此而已。

石田： 第八十七a条和第九十一条（见本书第261页）“对于联邦和州的存续而言的急迫状态”被称为“宪法上的紧急状态”。

长谷部： 直截了当地说，我认为可以将这一条理解为“在各州发生政变时，该如何应对”。

实际上，在 19 世纪初的德意志联邦规约中可以找到这条规定的原型。规约规定，当出现反对联邦的基本原理，即君主制原理的国家时，可以使用武力，要求对方放弃。

在现代德国中，其含义是“当有人提出违反《波恩基本法》所规定的自由民主的宪法原理并企图发起政变时，可以运用军事力量将其击败”。

■ 紧急状态条款不可改变宪法的本质

石田：到此为止，我们所提到的《波恩基本法》中的紧急状态基本上是对外和对内的安全保障问题。除此之外，在《波恩基本法》中，还存在着与之完全不同的紧急状态规定。

就像我们在本书第一章和第二章中所讨论的那样，在纳粹独裁诞生前的魏玛共和国曾出现因总统紧急令的滥用导致议会无法充分发挥作用的状况。

《波恩基本法》为了避免立法机关无法充分发挥作用，规定了“立法紧急状态”。接下来，我想对此进行讨论。

长谷部：所谓立法紧急状态（第八十一条［见本书第 261—262 页］）是指，为避免因政府与议会对立导致无法通过必要法案而引起的社会混乱，宣布立法紧急状态，跳过联邦议会，只需获得联邦参议院的同意，就可以使法律通过。从打破了立法僵局这一点来看，立法紧急状态与日本的“众议院优位”[1]十分相似。

虽说如此，但这一制度的有效期只有六个月。六个月之后会变成什么样呢？大概会是政府被迫集体辞职吧。

但是，《波恩基本法》第八十一条之所以有名，与其说是因为规定了立法紧急状态，不如说是因为在其第四项中，有非常重要的、值得一看的内容，那就是即使处于与之前的总统紧急令相似的立法紧急状态，也不能改变宪法自身。从这一规定可以看出，《波恩基本法》对《魏玛宪法》的历史进行了深刻反省。

与其同样重要的是与宪法修改相关的第七十九条（见本书第 262 页）。在这里，我希望大家关注的是第三项。即使进行宪法修改，也不能改变第一条及第二十条中所规定的宪法的根本性原则。接下来，让我们来看一下第一条及第二十条中所规定的原则是什么。

《波恩基本法》

第一条

（一）人的尊严不可侵犯。尊重及保护人的尊严是所

1　众议院优位：日文原文是“衆議院優越”，指依日本宪法规定，围绕首相指定、预算议决和条约承认，当众参两院提出不同意见时，将众议院的选择作为国会的议决。

有国家权力机关的义务。

（二）因此，德意志国民承认不可侵犯与不可让渡的人权是一切人类社会以及世界和平与正义的基础。

（三）下列基本权利作为直接适用的法，约束立法、行政及司法。

第二十条

（一）德意志联邦共和国是民主、社会的联邦国家。

（二）所有国家权力来自国民。国家权力由国民通过选举及投票，并由彼此分立的立法、行政及司法机关行使。

（三）立法权应受宪法秩序限制，行政权与司法权应受立法权与法律限制。

（四）对于企图打破上述秩序者，如无其他救济方法，所有德国人都拥有抵抗权。

石田：由此可以看出我们在第一章最后所提到的施米特的影响，即在宪法中，其“永久条款”是“即使遵循宪法修改程序也不能改变的原则”。

长谷部：如果从第二章后半部分提到的保守革命的过程来看，也许可以说，在经历了纳粹主义的失败之后，德国国民将宪法的原则看作是应当保守的永恒价值，他们发现并确认了这些宪法的原则。

■ 为守护宪法而实行的“防御性民主”

石田：第二十条第四项中提到的抵抗权成为了防止紧急状态条款被滥用的制动器之一。如果有人想通过紧急状态条款来停止国民的基本权利、否定民主主义，则国民有对其进行抵抗的权利。

这其中也包括拥有国家权力的人对十企图破坏宪法秩序者的抵抗权。在这种情况下，就意味着会行使国家权力来保障宪法。

长谷部：抵抗权条款是在 1968 年第十七次修改中被引入的，因此，也许可以将其看作是与紧急状态条款一体两面的存在。此外，“必须遵守宪法原理”这一规定随处可见。另一方面，关于宣布停止基本权利的场合，详见下述第十八条。

《波恩基本法》

第十八条

凡滥用言论自由，尤其是出版自由（第五条第一项）、讲学自由（第五条第三项）、集会自由（第八条）、结社自由（第九条）、书信、邮件及电子通信秘密（第十条）、所有权（第十四条）或庇护权（第十六 a 条），来攻击自由、民主的基本秩序者，应剥夺其上述基本权利。其权利剥夺及剥夺范围由联邦宪法法院宣告。

依据第十八条，像纳粹党这种推翻议会制民主主义、破坏现行宪法的政党一开始就不会被允许进行活动。

石田：这一系列强烈要求拥护宪法原理的举措，被称为“防御性民主”。

长谷部：“防御性民主”确实可以有效防止政府权力破坏宪法原理。但是，另一方面，也有人对此提出批判：“这真的可以说是忠实于民主主义的理念吗？”

总而言之，原本，民主主义的理想形态是允许不同的意见存在（包括纳粹主义的主张在内），也就是说即使是自由的敌人，民主主义也会给它自由。因此，有人批判道：“不允许违反宪法原理的主张存在，这难道不是没有自信的、软弱的民主主义吗？”

在我看来，德国之所以接受了“防御性民主”，一方面是因为施米特的影响，另一方面是因为德国经历过纳粹时代。由此可以看出，一个国家的宪法形态归根到底是由其固有的历史和文化决定的。

德国为何多次修改宪法

石田：说到这一不可改变的“永久条款”的存在，日本的改宪势力中有人主张：“同为战败国，德国不是已经修改过好几次宪法了吗？‘日本宪法不能被修改’纯属是左翼的胡言乱语。”但是，在《波恩基本法》中，可以被修改的部分并没有触及宪法原理。

顺便说一下，《波恩基本法》虽然是宪法，但其名字中并没有宪法二字。这是因为在《波恩基本法》公布时成立的德意志联邦共和国是不包含东德（当时被苏联占领）在内的处于分裂状态的国家，是尚未统一的临时国家。西德人想展现出这一点，因此将宪法命名为《波恩基本法》。同样，在《波恩基本法》中，一开始就写明了“可以根据情况进行修改”。

长谷部：可以说，与《日本国宪法》相比，《波恩基本法》的规则密度非常高。

石田：规则密度吗?

长谷部：是的。在这种情况下应该这样做，在那种情况下应该那样做，《波恩基本法》非常细致地规定了这些内容。与《日本国宪法》相比，《波恩基本法》的条文数自不必说，其词汇量本身也很大。因此，随着时代的变化，《波恩基本法》中的细致规定可以被反复修改。而且，修改并没有触及宪法的基本原理。

石田：与之相对，在自民党的改宪草案中，有很多部分触及了《日本国宪法》的基本原理。

长谷部：就像几年前以安倍首相为首的自民党成员所主张的那样，《日本国宪法》是很难被修改的宪法。《日本国宪法》的硬性度很高。

在这种情况下，如果提高规则密度，就会使政治运营受到束缚而无法自由进行。

虽说如此，如果宪法可以被轻易地修改，“宪法限制政治权力”这一立宪主义自身就会变得十分危险。总之，修改宪法并不是一件简单的事情。

反过来说，规则密度低就意味着通过对宪法条文进行解释或制定法律来解决问题的余地大。

1958 年，施米特给《合法性与正当性》这本书附上了后记，他在后记中写道：“宪法制定者或修改者的任务是制定宪法，而不是制定法律。”也就是说，施米特认为，应该没有必要将通过制定法律并实施法律就能解决的事特意写入宪法。我想，施米特的批判也同样适用于规则密度高、条文数量多的《波恩基本法》。

■ 如果没有限制，“紧急状态”的范围会扩大

石田：关于战后德国如何防止紧急状态下行政权的扩大，我在前面已经大致说过了。在这里，我还有一件想请教您的事情。

就像我之前说过的那样，工会对于紧急状态条款的制定颇有微词。工会所关心的问题是紧急状态条款是否

会限制罢工权。然而，在《波恩基本法》中，最终呈现出来的紧急状态条款明确表示，要将合法的罢工与紧急状态区分开，不会以紧急状态为借口来介入劳资纷争。关于这一点，长谷部先生您是怎么想的呢?

长谷部：当然，这其中肯定有限制苏联的威胁和社会主义的考虑，但是，在法国等国家中确实有将总罢工看作是紧急状态的先例。

石田：确实，魏玛时期的德国好像也是如此。

长谷部：莫里斯·奥里乌（Maurice Hauriou）是活跃于 19 世纪末到 20 世纪 20 年代末的行政法权威。他强烈的天主教思想在其著作中随处可见。他给同样曾经是天主教徒的施米特带来了很大的影响。

奥里乌认为，劳动者的团结和罢工是内战。也就是说，无产阶级不认可如今的资本主义国家的正统性，为夺取主权而采取行动的情况下，就像在内战期间颁布戒严令一样，为应对罢工这一紧急状态，政府被允许采取平时不被允许的、违反法令的行动。

石田：这听起来是很大胆的发言。

长谷部：实际上，有许多真实发生过的案例与之相照应。

比如，1909 年发生在法国的真实案例。当时，在法国的一家邮票制作工厂发生了罢工。因为当时的邮政业是由国家经营，所以邮票制作工厂属于国营企业，在这里工作的员工都是公务员。因为工厂中有一位员工参与了罢工，所以工厂决定将他开除。

通常，在决定开除员工后，工厂方面会提前将档案交给被开除的员工或者提前通知员工。但这次工厂却并没有按照程序来进行，而是直接开除了这名员工。因此，这名员工起诉了工厂。然而，行政法院的判决认为工厂的做法是合法的。

石田：判决理由是什么呢？

长谷部：明明是公务员，却参加了罢工，这是非常荒唐的事情。法院认为，公务员在参加罢工之后，就会失去其原本的权利。

这一思考方式与在法国被称为"紧急状态（circonstances exceptionnelle）的法理"之间存在共通点。"紧急状态的法理"是指在紧急状态下，可以违反平时应该遵守的法律，并采取必要行动。

与之相似的思考方式也同样出现在了与战时紧急状态有关的判例中。

比如，在进行战争的混乱状态中，在市政府无法发挥作用的状态下，市内食物紧缺。于是，普通的市民组织（现在称之为 NGO）接管了商店储藏的食物，然后卖给市民们。即便如此，这也是合法的。

石田：因为是在紧急状态下，所以作为事实上的行政负责人，作为做了该做的事情的人，即使违反了法律也没关系，是这个意思吗？这是与民众动乱史中经常出现的、E. P. 汤普森（E. P. Thompson）的“道德经济学”（Moral Economy）相通的思考方式。

长谷部：是这样的。

最著名的是 1914 年发生在法国土伦海军基地的事件。1914 年，土伦海军基地的司令长官发布公告，不允许妓女在基地附近的酒馆拉客。对此，两名自称是妓女的人认为司令长官没有这种权限，并提起了诉讼。实际上，在这份公告中，确实没有可以依据的法令。

但是，法院认为司令长官的做法是合法的。在战争时期，海军基地变得热闹了起来，士兵们聚集在一起之后，妓女也会大量聚集。这样一来，可能会出现卫生方面的问题，而且妓女还可能会作为间谍进行活动。因此，法院认为司令长官制定这个规定是合法的。

石田：在当时的欧洲，在紧急状态下，政府需要应对的事比我们今天想象的还要多样，甚至可以完全介入人们的生活。

长谷部：也许是这样。

“因为现在正处于非常危险的状态，必须要进行应对，所以，用什么方法都可以。”这其实是非常危险的想法，如果允许这种逻辑存在，拥有权力的人就会想要越过法令，行使权力。

石田：如果真的到了这一天，就为时已晚了。所以，我们绝不能轻视紧急状态条款的问题。

最后我想说的是，迄今为止，《波恩基本法》中的紧急状态条款一次也没有被动用过。

第四章 为何日本的紧急状态条款比德国危险

——“统治行为论”这一圈套

■ 对于法国紧急状态宣言的误解

长谷部：在上一章中，我们对经历了纳粹党统治之后的德国现在如何制定紧急状态条款，以及德国基于历史教训所采取的限制紧急状态条款的措施等进行了探讨。在本章中，我想针对自民党的改宪草案来探讨一下现在日本所讨论的紧急状态条款是否妥善、是否充分完善了对于紧急状态条款的限制措施等。

首先，让我们来比较一下两个国家对于紧急状态条款的处理。在宪法学中，标准的做法通常是对德国、法国、美国、日本进行比较。所以，我想先来说一下法国和美国的情况。

首先是法国的情况。2015 年 11 月 13 日，在巴黎发生了大规模的恐怖袭击事件。

石田：从巴黎郊区的体育场附近到巴黎第十区、第十一区的餐厅和咖啡厅，再到巴塔克兰剧院，都发生了枪击和爆炸。此次恐怖袭击事件造成至少一百三十人死亡，超过三百人受伤。在巴黎市中心发生了如此大规模的恐怖袭击，全世界都对此倍感震惊。

长谷部：由于这次事件，法国宣布进入紧急状态。

当时有日本媒体报道称："因为法国的宪法中有紧急状态条款，所以才能宣布进入紧急状态。"事实上，这种说法是完全错误的。

当时的法国紧急状态宣言是基于与 1955 年 4 月 3 日的紧急状态（état d'urgence）相关的法律而发布的。这个紧急状态宣言本身与宪法一点儿关系也没有。

石田：1955 年正好是在阿尔及利亚民族解放战争期间。阿尔及利亚从 1830 年起被法国占领，阿尔及利亚民族解放战争是阿尔及利亚发起的独立战争。

长谷部：是的。当时的法兰西第四共和国政府规定，当公共秩序可能受到侵害时，内政部长和大区区长可以根据政令，在指定区域内规定通行规则和住所，禁止集会等。

当这一紧急状态超过十二天仍未被解除时，国会必须重新立法。所以，这个紧急状态是有时限的。

石田：这是以强化内政部长和大区区长治安权限为

主旨的紧急状态宣言。除了这个紧急状态宣言之外，在法国的宪法中有紧急状态条款吗?

长谷部：有的。在现在的《法兰西第五共和国宪法》的第十六条中。

被严格的必要条件所限制的法国紧急状态条款

石田：《法兰西第五共和国宪法》代替了未能成功应对阿尔及利亚民族解放战争的《法兰西第四共和国宪法》，是为了解决危机而登场的第二次世界大战的英雄戴高乐将军给予总统强大权限的新宪法（法国现行宪法）。

长谷部：第四共和国政府没能成功地解决阿尔及利亚问题，再加上军事政变的逼近，法国的体制本身已经陷入了危机。因此，议会授权戴高乐政府进行宪法修改。

但是，因为附加了①普通选举是权力的源泉、②立法权与行政权分立，后者对前者负有政治责任、③为保障基本自由而让司法独立等条件，这次宪法修改的结果与希特勒的《授权法》并不相同。

1958年6月1日，戴高乐组建新政府。同年9月3日，宪法草案在经过以国务院为首的诸多机关审议之后汇总。9月28日，国民投票通过了《法兰西第五共和国宪法》。

前面提到的第十六条的具体内容如下所示。其中，第六项是于2008年添加的条款。

《法兰西第五共和国宪法》

第十六条（紧急状态措施权）

（一）当共和国制度、国家独立、领土完整或国际条约的履行遭受严重且危急的威胁，致使宪法规定的公权力正常运作受到阻碍时，共和国总统经正式征询总理、议会两院议长及宪法委员会后，可以根据形势采取必要措施。

（二）共和国总统应以公文形式将此项措施告知国民。

（三）此项措施必须保证宪法上的公权力机关在最短时间内获得能完成其任务的手段。此项措施应征询宪法委员会的意见。

（四）国会应自动集会。

（五）国民议会在总统行使紧急状态权期间不得解散。

（六）总统行使紧急状态权三十日后，国民议会议长、参议院议长、六十名国民议会议员或六十名参议院议员可以将此事项提交至宪法委员会，由宪法委员会审查第一项中规定的条件是否仍然具备，宪法委员会应尽快作出判断并予以公布。总统行使紧急状态权六十日后或其后的任何时间，宪法委员会可以主动进行审查，以同样的方式作出判断并予以公布。

关于第十六条的紧急状态条款为什么会被采用，法国的宪法学教科书中写的是“基于 1940 年的经验”。1940 年，法国被德军攻占，法国政府考虑将政府和议会转移到伦敦或阿尔及尔。

但是，政府苦于没有这项权限。于是，为了应对今后可能还会发生的类似事态，法国将紧急状态条款加入到了宪法中。当然，成为法兰西第五共和国成立契机的阿尔及尔军事叛乱也被考虑其中。

石田：与《波恩基本法》相比，可以说这一紧急状态条款中总统的权限非常大。虽然规定总统要征询总理、议会两院议长、宪法委员会，但是即使他们提出否定意见，也不会妨碍总统行使紧急权。

长谷部：但是，行使第十六条的必要条件非常严格。

只有在共和国制度、国家独立、领土完整，以及国际条约的履行遭受严重且危急的威胁，且宪法规定的公权力正常运作受到阻碍时，总统才能行使紧急权。在这种条件下，实际上，这个第十六条只被行使过一次。1961 年 4 月，驻留在阿尔及利亚的部分法军发动叛乱，为应对这一情况，总统在 4 月到 9 月末行使了紧急权。

虽然叛乱在几天内就被镇压了，紧急状态却持续了将近半年。明明已经不满足行使紧急权所需的严格必要条件，但紧急状态仍在继续，这是应该避免的事态。因此，要求宪法委员会进行审查的第六项于 2008 年被加入到紧急状态条款中。

在野党的国会议员也可以作为申请审查的人员之一。即使宪法委员会作出判断，认为已经不满足行使紧急权的必要条件，紧急状态也不会自动终止，因为最终的决定权还在总统这里。不过，因为宪法委员会已经公布了其判断结果，所以总统很难对此提出反对意见并继续行使紧急权。

石田：法国曾被德国短暂地占领过，在那之后，经过巴黎解放，法国作为战胜国之一，又再次经历了与德国完全不同的战后。

20 世纪 50 年代，得到解放、获得自由的法国反而作为殖民地宗主国，直面世界各地日益高涨的民族独立运动。

也就是说，法国站在统治者的立场上迎来了阿尔及利亚民族解放战争，由此制定了与 1955 年的紧急状态相关的法律以及《法兰西第五共和国宪法》的紧急状态条款。

长谷部：是的。

关于阿尔及利亚，我想再补充几句。由于阿尔及利亚位于地中海沿岸，所以在一部分人看来，阿尔及利亚与其说是殖民地，倒不如说是法国本土的一部分。在阿尔及利亚的法国籍居民中，也有相当一部分人是这样想的。因此，当戴高乐最终承认了阿尔及利亚的独立时，这些人受到了很大的冲击。

也有人指出，戴高乐之所以作出这一决定，其背后的想法是，如果将阿尔及利亚作为法国的领土来考虑，根据当时人口动态发展趋势，穆斯林将成为法国人中的多数。

■ 与戒严令相关的历史

石田：在法国，除紧急状态条款之外，戒严令的规定也被写入了宪法之中。

长谷部：如您所说，《法兰西第五共和国宪法》第三十六条中加入了与戒严令相关的内容。

《法兰西第五共和国宪法》

第三十六条（戒严令）

（一）戒严令须经由部长会议颁布。

（二）戒严期限超过十二日，须经国会批准。

那么，戒严令究竟是什么呢？简单来说，戒严令是将司法权和维持治安的权限委托给军方的体制。如今的发达国家是否会实施戒严令？我认为是不可能的。我无法想象它们会真正实施戒严令。

关于这个第三十六条，我想再补充几句。由于 2015 年 11 月的恐怖袭击事件，奥朗德总统提出想要修改这一条款。

在奥朗德总统提出的修改意见中，第一点是“将在此次恐怖袭击事件中被行使的紧急状态法放在第三十六条中”；第二点是“当在恐怖犯罪中被判有罪的人是拥有包括法国国籍在内的双重国籍者时，须剥夺其法国国籍”。

剥夺国籍会带来非常严重的后果。如果没有了国籍，在该国的权利就无法得到保障，而且原则上也无法享受各种基本的公共服务。

这一提案在法国国内引起了各方的强烈反对，反对者认为这一提案违反了共和国的理念。最终，在 2016 年 3 月末，奥朗德总统放弃了这一改宪提案。

关于奥朗德总统的这一提案，我认为没有必要将其与日本的情况进行比较、讨论。因为日本的国籍法从原则上就不认可双重国籍。

石田：从历史学的角度来看，我注意到与戒严令这个词意思相当的德语词“Belagerungszustand”，直译过来就是“合围状态”，即“被敌人从四面八方包围的状态”。

从古代到近代，欧洲大陆的国家在进攻某一城市时，大多都是将其包围起来，比如说采取切断粮道的形式。在这样被包围起来的城市里，军队发挥了什么作用呢？与平时不同，此时的军队司令部被赋予了巨大的权力。比如在三十年战争中十分著名的“马格德堡战役”。

因此，欧洲大陆的国家对于戒严令的固有印象大多是，戒严令是在一定时间范围内和一定地域范围内实施的法令。

长谷部：在法国，人们对于戒严令的印象大概也是如此。因为在法国历史上，曾发生过多次包围战。

如果从这一观点来说的话，在英美法三国中，相当于戒严令的词是“martial law”，但是，这个词里并不包含“被包围”的含义。

或许是因为英国四面环海，在大规模的战争中大多是海军参战，所以很难将其与“包围要塞城市，然后将其攻陷”的印象联系起来。据我观察，与大陆诸国相比，发生在英国的叛乱和侵略很少，可以说英国是相对安全、稳定的国家。

石田：原来如此。

长谷部：因此，即使同样都是戒严令，不同国家的人对于戒严令的理解也会有所不同。不过，“将司法权委托给军队”这一基本原则是相同的。

■ 规定很少的美国紧急状态条款

长谷部：剩下还没有被讨论的就是美国了。实际上，在美国宪法中，有关紧急状态的条文非常少。

《美利坚合众国宪法》[1]

第一条第九款第二项（联邦立法权的限制）

不得中止人身保护令之特权，除非发生内乱或外患时公共安全要求中止这项特权。

第二条第三款（总统的义务）

……在非常情况下，总统得召集两院或其中之一开会。

所谓人身保护令是法院开具的将因违法嫌疑而受拘押的人员移交到法院的令状。

因违法嫌疑而受拘押的人员想要解除拘押的话，需要向法院提出请求。所以不管怎么说，法院会先下达命令将被拘押者移交至法庭。人身保护令是基于“人身自由的保障是所有自由的前提条件”这一观点而被设立的。

石田：《美利坚合众国宪法》不同于《魏玛宪法》第四十八条，没有那种在紧急状态下总统或行政机关集中

---

1 本处译文参考美国政府官网所载《美利坚合众国宪法》中译本（https://www.state.gov/wp-content/uploads/2020/05/CHN-Constitution.pdf）。

获取巨大权限的规定。

长谷部：是的。大陆法系的戒严令也是如此。英美法的戒严令（martial law）指当发生了无法用平时的法律来应对的事件时，军方暂时拥有维持治安和司法的权限，仅此而已。这些国家并没有想要通过戒严令来废除或修改宪法和法律中的规定。

石田：即使是总统，如果出于需要而在紧急状态下采取了特别措施，也必须接受司法的检查。

长谷部：关于前面提到的两条规定，如果用日本的法律制度可以如何应对呢？关于国会的召开，在《日本国宪法》中，第五十三条规定，内阁可以随时召开临时国会。

另一方面，关于人身保护令，日本也有人身保护法，却是不怎么被使用的法律，大概只有在离了婚的夫妇争夺孩子抚养权时才会被使用。因此可以说，在探讨日本的紧急状态条款时，没有重新探讨这两条规定中任意一条的必要。

我再补充几句，实际上，在南北战争时，林肯总统通过他自己的判断停止了人身保护令的执行。宪法规定，停止人身保护令的执行是联邦议会的权限，因此总统擅自停止人身保护令的执行是违反宪法的行为。法院也是这样判定的。

但是，林肯以“请求人身保护令的不是南方邦联的人吗？与南部相邻的首都华盛顿自身现在正濒临危险”为由，不顾司法判决，继续停止人身保护令的执行。林肯之所以这样做，是因为他担心“如果支撑着人身保护令这一制度的国家本身瓦解了，那么一切都完了”。最终，联邦议会在 1863 年 3 月，溯及既往，认可了当时林肯总统对于人身保护令的停止执行。

这是一个很复杂的问题，很难避免产生意见分歧。在有些人看来，守护国家确实是大事，但是，一个不执行人身保护令的国家，一个不遵守司法判决的国家，其存在又有何意义可言呢？

实际上，在联邦最高法院中，有人指出，“国家的安全保障，其本身不是目的……如果以安全保障为名损害了基本的自由，国家的安全保障就毫无意义”。(Zemel v. Rusk，381 U.S.1 [1965])

石田：如果林肯现在是总统的话，可能联邦最高法院会作出不认可这一措施的判决。

长谷部：实际上，在 1866 年的判决中，针对“在南北战争中，因为有企图谋反的嫌疑而被军事法庭处以绞刑的民间人士”这一案例，联邦最高法院判定，民间人士应该在普通法院接受判决，无论是平时还是战时都享受同样的宪法保障。(Exparte Milligan，71 U.S.2 [1866])

此外，在乔治·W.布什政权下的2008年的判决中，将在关塔那摩作为敌方战斗员而被收容的人从人身保护令的对象中排除了出去。即使是根据议会制定法，这一判决也没有成立的理由。对此，有人指出“即使是政治部门，也不能随心所欲地关闭宪法的开关”。（Boumediene v. Bush，553 U.S.723［2008］）

在第二次世界大战中，约有七万日裔美国人因总统的命令而被强制收容，当时，总统的这一措施并没有被最高法院认定为违宪，这是非常令人遗憾的先例。（Korematsu v. U.S.，323 U.S.214［1944］）如今，人们普遍认为这个先例是错误的。

■ 可任由首相决定紧急状态的自民党改宪草案

长谷部：到这里，我们终于做好讨论《日本国宪法》和紧急状态条款的准备了。让我们来看一下自民党改宪草案中关于紧急状态条款的规定。以下是由现在日本的改宪势力所提出的紧急状态条款。

自民党《〈日本国宪法〉修改草案》（2012年4月27日确定）

第九章　紧急状态

（紧急状态的宣言）

第九十八条

1 内阁总理大臣在我国遭受外部武力攻击、因内乱而引起的社会秩序混乱、因地震而引起大规模自然灾害以及其他法律规定的紧急状态下，在其认定是特别必要的时刻，可以依据法律规定，召开内阁会议，发布紧急状态宣言。

2 紧急状态宣言须依据法律规定，并在事前或事后获得国会批准。

3 内阁总理大臣在前项情形中未能获得国会批准时，国会议决应该解除紧急状态宣言时，或随着事态的推移判定没有必要继续维持该宣言时，内阁总理大臣必须依据法律规定，召开内阁会议，迅速解除紧急状态宣言。此外，在超过一百天之后，若还需要延续紧急状态宣言，则须以每一百天为期，都事先获得国会的批准。

4 关于第二项及前项后半部分之国会的批准，适用第六十条第二项的规定。在这一场合，将同项中“三十日以内”换读为“五日以内”。

（紧急状态宣言的效果）

第九十九条

1 紧急状态宣言发布后，依据法律规定，内阁可以制定与法律拥有同等效力的政令，内阁总理大臣可以决定财政上必要的支出及处置，可以对地方自治体的长官作出必要指示。

2 关于前项中政令的制定及处置，必须依据法律规定，并在事后获得国会的批准。

3 紧急状态宣言发布后，任何人都必须遵从国家及其他公共机构在与该宣言相关的事态中，为守护国民的生命、身体及财产，依据法律规定而作出的指示。即使在该场合下，也必须最大程度尊重第十四条、第十八条、第十九条、第二十一条以及其他与基本人权相关的规定。

4 紧急状态宣言发布后，依据法律规定，在该宣言的有效期内，众议院不解散，可以设定两议院议员的任期及其选举日期的特例。

石田：我注意到，在这个改宪草案中，认定紧急状态的必要条件十分宽松。

在该草案中，首先，是由内阁总理大臣自己决定是否是紧急状态，之后，向内阁会议提交，发布宣言。可以说类似于《魏玛宪法》或《法兰西第五共和国宪法》。因为它们都规定紧急状态可以由其行政机关的长官自行决定。

此外，在各项中反复出现了“依据法律规定”这句话。这句话让我想起了《魏玛宪法》第四十八条第五项中的“详细规定参照国会制定的法律”，但最终，国会并没有制定出法律。

长谷部先生您曾提到过，施米特认为“不存在设定这种限制的法律”，并论述了总统存在“主权独裁”的可能性。

长谷部：如我之前所说，在法国的规定中对于紧急状态的定义十分严格。其条件是“当共和国制度、国家独立、领土完整或国际条约的履行，遭受严重且危急的威胁，致使宪法规定的公权力正常运作受到阻碍”。除此之外的情况，都不可以将其认定为紧急状态。

但是，在这个自民党改宪案中提到的武力攻击、地震等，只是在举例说明，而不是必要条件。

石田：这是人们在街头巷尾经常议论的事情，对于官员们来说，加入“等”“其他”，似乎就意味着“什么都可以”。

长谷部：是的。总而言之，在这个改宪草案中，明确规定的内容只有内阁总理大臣“在其认定是特别必要的时刻”，仅此而已。

石田：而且，日本的改宪草案也没有像战后德国的《波恩基本法》那样，将紧急状态进行详细分类，然后针对其分别设立规定。

长谷部：此外，日本的改宪草案中也没有规定，当内阁总理大臣因死亡等原因缺席时，或者内阁集体辞职、内阁成员发生巨大变动时，紧急状态宣言的效力会变得如何。与《法兰西第五共和国宪法》第十六条不同，自民党的这个改宪草案中也没有规定“国会应自动集会”。无论从哪方面来看，自民党的改宪草案都十分不严谨。

■“主权独裁”在日本显现?

石田：如果对《魏玛宪法》进行反省，其教训正在于第四十八条的总统紧急措施权超越了其原本的主旨，特别是将国会不通过法案认定是异常情况、紧急状态，然后开始滥用总统紧急措施权。

以此为契机，停止宪法的“主权独裁”出现了。正如我在前文中所说的那样，在希特勒独裁体制诞生前，保守派的领袖们曾经寻求过“主权独裁”。

在 21 世纪初期，由于执政党在众议院和参议院所占议席数的差异，日本国会被称为“扭曲的国会”[1]。作为选举这一民主主义程序产生的结果，这是理所当然会在两院制国家发生的事，它却被认为是政治停滞、议会无法充分发挥作用的元凶。但是，如果有像自民党改宪草案中的那种紧急状态条款，当首相说出“在这经济不景气的时候，法案没能通过，是紧急状态”后，内阁赞同了

1 此处指执政党在议会两院的其中一院没有占到多数席位的状况。在日本一般表现为执政的自民党在众议院拥有过半席位，在野党在参议院拥有过半席位。

首相的发言，会变成什么样的局面呢?

长谷部：如果首相认定是“特别必要”的情况，就可以宣布紧急状态。如果遵循这一规定，紧急状态至少会持续一百天。

而且，因为自民党改宪草案第九十八条第四项中所提到的“第六十条第二项”中规定，众议院对于预算案的议决有优先决定权，即“众议院优位”，因此，即使处于众参两院“扭曲”的状态，只要众议院批准延长，就可以再延长五天。

石田：首相或政府执政党可能会肆意利用紧急状态条款。

在确认了这件事之后，我更加担心的是，一旦首相滥用紧急状态条款，他究竟会做到什么程度呢?

自民党改宪草案第九十九条第三项规定，对种族、信仰、性别、社会身份在法律面前的平等（第十四条）、禁止奴隶性质的拘禁及苦役（第十八条）、思想及良心的自由（第十九条）、表现的自由（第二十一条）予以“最大程度的尊重”。这个“最大程度的尊重”并不是说不会对其进行限制。

长谷部：倒不如说这项规定意味着会对其中提到的内容进行限制。

石田：在战后德国的《波恩基本法》中，规定了行政机关在紧急状态下可以采取什么样的措施，制定了不可更改的宪法原理，明确表明了要守护宪法的价值。即使是在紧急状态下，也不太可能对思想、良心、言论、表现等自由进行限制。

即使是总统权限看起来非常大的《法兰西第五共和国宪法》，也完全没有提到可以在紧急状态下限制公民基本权利的可能性。

长谷部：在自民党的改宪草案中，并没有像《波恩基本法》那样规定不可更改的宪法原则。恐怕自民党从一开始就没想设定这种不可更改的原则吧。

在这种情况下，内阁可以自行发布与法律具有同等效力的政令。当我将它与草案第一百条放在一起读的时候，我意识到这是一件非常危险的事情。

《自民党宪法修改草案》

第十章　修改

第一百条

1 本宪法的修改，必须经众议院或参议院议员提议，在两议院各自全体议员超半数赞成后，由国会进行议决，向国民提出，并获得国民承认。

该承认必须在依据法律规定实行的国民投票中，获得有效投票的半数以上赞成。

2 宪法的修改在经过前项承认后，即由天皇公布宪法修改。

现行宪法的宪法修改规定是第九十六条。为慎重起见，我将其一并附上，如下所示。

《日本国宪法》[1]

第九章　修改

第九十六条

1 本宪法的修改，必须经各议院全体议员三分之二以上赞成，由国会提议，向国民提出，并获得其承认。该承认必须在特别国民投票或国会规定的选举时进行投票，必须获得半数以上的赞成。

2 宪法的修改在经过前项承认后，即由天皇以国民的名义，将其作为本宪法的组成部分公布。

我注意到，在改宪草案中，提出宪法修改的必要条件变成了只需获得半数以上赞成即可。除此之外，虽然没有以条文的形式规定，但是不能否认政府在紧急状态下发出的政令存在随意限定国民投票者范围的风险。

石田：在宣布进入紧急状态后，国民投票是以与法律具有同等效力的政令的形式进行。假设在紧急状态下，政府不承认与外国人结婚的人、同性恋者、与反战及和平

1　参考日本驻华大使馆官方网站“《日本国宪法》（中文暂译）”（https：//www.cn.emb-japan.go.jp/itpr_zh/kenpo_zh.html），略有修改。

运动有关的人的投票，会演变成什么局面呢？平时已经对这些人设定了种种不该有的限制，在提议重新修改宪法之后又会变得如何呢？

长谷部：作为基本原则的法律平等可能会受到限制，就思想实验而言这确实是应该要考虑到的情况。

石田：总而言之，根据情况，甚至连宪法也可能会被肆意修改。在这种情况下，我们并不能排除可能会产生某种“主权独裁”的危险性。

长谷部：仅就其存在出现“主权独裁”的可能性而言，这就是一部有缺陷的改宪草案。

■ 紧急状态条款真的有必要吗？

长谷部：我认为自民党改宪草案中的问题点正如您所指出的那样。

除此之外，我还有两点想和您一起讨论。首先，日本的宪法真的需要紧急状态条款吗？其次，如果无论如何都要制定紧急状态条款，该怎样做才能避免其被滥用？

当我提出“紧急状态条款为何是必要的”这一问题时，有时会听到这样的回答：“如果在众议院解散期间，发生了大规模灾害或有外敌入侵，依据现行宪法的规定，存在从解散之日起四十天内不能进行总选举的可能性。”“也许从选举日开始三十天以内不能召开国会。”

这样一来，就会违反宪法。因此，他们认为，至少应该制定为应对这种情况的小规模紧急状态条款。

石田：如果用自民党改宪草案来说的话，就是第九十九条第四项的部分。他们的意思是应该制定与国会有关的规定。

长谷部：但是，也有人对此进行了批判。比如“如今，在发生大规模灾害时，在《灾害对策基本法》等法律中有紧急政令的相关规定，因此，并不是如果不修改宪法就无法应对紧急状态”之类的。

只有事先警告政府“即使是在紧急状态下，也不意味着政府的权限可以无限膨胀”，政府才能从平时开始，用心思考应对紧急状态的对策。

石田：但是，想要推动宪法修改的人们主张：“即便如此，在现行宪法中，与非常时期的国会运营相关的规定还是存在漏洞。至少这一点有修改的必要，不是吗?”

长谷部：现在，虽然《日本国宪法》总是被说缺少紧急状态条款，但不能说其中与国会相关的规定特别有问题。

现行宪法第五十四条第二项中规定，在众议院解散期间，当有紧急需要时，参议院的紧急集会可以代替国会。

《日本国宪法》

第五十四条

1 众议院被解散时，必须在自解散之日起四十日以内举行众议院议员总选举，并须在自选举之日起三十日以内召开国会。

2 众议院被解散时，参议院同时闭会。但内阁在国家有紧急需要时，可以要求参议院紧急集会。

3 在前项但书[1]的紧急集会中所采取的措施是临时性的，如在下届国会开会后十日以内不能得到众议院的同意，则该项措施失效。

另外，实际情况是否真的如“因为是紧急状态所以不能进行选举”这一主张所言，也还存在疑问。比如，1942 年 4 月，在太平洋战争中，美军开始对大城市进行空袭，但美国众议院的总选举却照常进行；1864 年，在南北战争期间，美国的总统选举也如期举行，林肯总统再次当选；1944 年，在二战期间，美国也举行了总统选举，罗斯福再次当选为总统。

即使撇开这些不谈，还有更重要的问题。那就是“在

1 但书：通常指法律条文中用以规定例外情况或附加一定条件的文字。因以“但”或“但是”引出，故称。

发生紧急状态后，如果无法遵循第五十四条第一项，就会违反宪法”这一主张是真的吗？关于这一点，也还存在疑问。

《公职选举法》第三十三条和第三十四条规定，与国会相同，地方自治体的长官以及地方议会议员的选举在一定期间内进行。关于这一点，有从旧自治省到总务省长年以来的政府官方解释。据此，与地方议会议员、长官选举的选举日期相关的规定，都是“训示规定”。

石田：训示规定是什么意思呢？

长谷部：意思就是，如果有正当的理由，则可以不被这一规定约束，即使在违反这一规定的日期举行选举，选举也并不会被视为无效。

如果是这样的话，对于宪法第五十四条第一项的规定，也应该这样理解吧。

第五十四条第一项之所以会设定这样的期限，是因为它想要规避“当政府对于总选举的结果不满意时，可能会滥用权力，反复解散众议院，不召开国会等”这一风险。

如果新的国会得以召开，依据宪法第七十条的规定，内阁就会自动全体辞职。这样一来，就不会存在同一内阁反复解散众议院的可能了。

石田：这可以说是出于对《魏玛宪法》的反省。因为在《魏玛宪法》下，总统有权反复解散国会。

长谷部：我想再补充几句。在紧急状态下，即使进行总选举的日期已经超出了宪法规定的时限，最高法院也不能判决该选举无效。

如果最高法院判决选举无效，之后就不可能再存在符合宪法规定的众议院了。因此，最高法院不可能作出如此不合乎常理的判决。

迄今为止，日本的司法在关于各地一张选票代表权差异[1]的审判中，曾多次将其认定为违宪状态，却没有作出过“选举无效”的判决。

类似的情况也适用于“如果在众议院的四年任期快要结束时，发生了紧急状态，该怎么办”这一讨论。本来，只需在议员任期快要结束前，提前设定好选举日期就可以了；或者如果在还没能进行总选举的时候任期届满，那么在之后尽早进行总选举也可以。

假设在没能进行总选举的状态下，众议院议员的任期届满，而且发生了迫切需要新的立法的难以想象的事态，那么只需要类推适用宪法第五十四条第二项，要求

1　一张选票代表权差异：指分配给某选举区的议员定数和该选举区国民投票者的比率在各选举区之间差距悬殊，这种情况会被判定为违反“法律平等”。

参议院紧急集会就可以了。因为紧急集会制度的目的就是当没有众议院议员时，由参议院应对已经发生的紧急状态。这是上智大学的高见胜利名誉教授以及京都大学的土井真一教授提出的观点。

■ 如果无论如何都要设立紧急状态条款

石田：在听了您的话之后，我越来越怀疑自民党制定紧急状态条款的目的了。现在日本已经存在“有事立法”[1]等法规，如果还有除此之外没有考虑到的事，那么再制定新的法律就可以了，而自民党却非要进行宪法修改。

长谷部：如您所说，很难不认为自民党想要修改宪法是因为有他们自己的“小算盘”。

话虽如此，自民党肯定不会因为我说了这样的话而放弃这件事，他们可能还是会设立紧急状态条款。

这样一来，接下来的讨论就变得更加有必要了。如果自民党无论如何都要在《日本国宪法》中加入紧急状态条款，那么相应来说什么是必要的呢？就像您在上文

1 有事立法：在日本假设发生战争等事件，为了应对此类事件而制定的法规的总称。

中所指出的那样，在如今的自民党改宪草案中，很明显，能对首相权限加以限制的东西并不多。如果从现代的国际标准来看，我认为在紧急状态条款中增加司法、法院的限制是不可或缺的。

让我来举个更加简单易懂的例子。在上文中曾经提到过的《法兰西第五共和国宪法》第十六条（见本书第130 页）中，其第六项是于 2008 年新添加的条款，其中提到总统行使紧急状态权三十日后，国民议会议长即下院议长、参议院议长即上院议长、六十名国民议会议员或六十名参议院议员，可以将此事项提交至宪法委员会，由宪法委员会审查“现在的事态是否仍满足第十六条所规定的必要条件”。

石田：在我看来，这是非常重要的条款。但我也很意外，这一项内容是 2008 年才被添加的。

长谷部：这是在当时萨科齐总统所设立的“关于第五共和国诸制度的近代化与均衡恢复的探讨及提案委员会”中提出的内容。该委员会根据会议主席的名字，通常被称为“巴拉迪尔委员会”。所谓均衡恢复是指什么呢？这指的是当时针对宪法中权力过于集中在少数精英，尤其是总统手中的批判。

石田：因为《法兰西第五共和国宪法》是由被委任解决国难的戴高乐制定的，所以不难想象当时他在宪法中赋予了总统巨大的权限。

长谷部：比如，关于总统的直接选举，为了实现任期的缩短，司法权独立的强化等近代化改革，宪法共计被修改了二十四次。第二十四次修改是由巴拉迪尔委员会进行的，而且为了防止权力的过度集中，巴拉迪尔委员会对宪法进行了非常广泛的修改。在这种情况下，第十六条第六项应运而生。

■“统治行为论”这一圈套

长谷部：但是，如果日本也有像第十六条第六项这样实行由法院主导的限制，那么就会出现一个致命性问题——“统治行为论”，即“关于高度政治性的问题，法院不可行使司法审查权”这一法理。

石田：这是最高法院在对于砂川事件[1]的判决中所提到的内容。

---

1 砂川事件：指 1955 年由于日本政府企图帮助美军扩建位于东京都砂川町的美军立川基地而引发的反对运动。1957 年，日本政府对在 1955 年的事件中进入美军基地内的七人进行起诉。在一审判决中，东京地方法院判定七人无罪。之后，检察当局上诉，最高法院认为美军的驻留符合《日本国宪法》第九条自卫权的规定，于是驳回原判。而后东京地方法院复审判决七人有罪。该事件对于之后的安保斗争等产生了巨大影响。

长谷部：如您所说，“统治行为论”是在 1959 年 12 月关于砂川事件最高法院的判决和 1960 年 6 月关于苫米地事件[1]（关于众议院内阁进行解散的合宪性的争论）判决中被引入的概念。

这两个判决中最终表明“日本的最高法院对于高度政治性问题，即使有可能作出法律上的判断，法院也不会给出自己的判断”。也就是说，法院“无条件地接受了政治部门的判断”。

石田：从苫米地事件来看，就是“因为政治部门已经说了内阁解散众议院是合宪且有效的，法院如果给出自己的判断就可能会违宪，所以法院无条件地接受了政治部门的判断”，是这个意思吗?

或者，从砂川事件来看，就是“因为政治部门已经说了日美安保条约是合宪且有效的，所以法院也无条件地接受了政治部门的判断”，是这个意思吗?

长谷部：是的。意思就是说“法院以政治部门说的合宪且有效为前提而得出这一具体的刑事事件的结论。”因此，法院并不是以“不判断”来结束审判，而是“无

1　苫米地事件：因 1952 年众议院解散而失去众议院议员职位的苫米地义三以解散众议院违宪为由向最高法院提起诉讼，要求保留其职位直到任期届满，并向其支付到任期届满为止的年薪，但最终败诉。该事件判决的重要依据即统治行为论。

条件地接受"政治部门所说的话。更确切一点的说法是"法院不进行独自判断"。这种情况现在仍然存在。

这个统治行为指的是什么呢?因为砂川事件很有名，所以一般人可能会认为"会成为类似于日美安保这样具有争议性的问题吧"。

但是，如果思考一下苫米地事件的判决就会明白，就算是内阁解散众议院这种举动也会被认为是统治行为。

石田：这样一来，如果政治部门主张"现在是必须通过紧急状态条款来应对的事态"，这就已经从一开始就是"统治行为"了。

长谷部：因此，如果要将紧急状态条款导入宪法，就必须提前消除"统治行为论"。

具体来说，要在宪法中写入"统治行为的法理不适用于此。无论是多么高度政治性的问题，既然是法律上的争诉，法院就必须对其进行审理并得出结论"。

石田：必须将其写入宪法吗?

长谷部：我认为是这样的。

当然，如果最高法院作出了新的判例，就没有必要进行宪法修改了。但是，即使是通过修改宪法来加入紧急状态条款，我也不认为最高法院方面会自主地变更判例。

因此，如果想从外部来改变最高法院迄今为止顽固的宪法判例，就只能通过宪法修改了。

■ 战后德国不存在“统治行为论”

石田：但是，“统治行为论”的问题不是日本独有的问题。在其他国家是什么情况呢？

我思考了一下德国的情况。在经历了希特勒独裁，也就是二战之后，在联邦宪法法院成立之后，由法院进行违宪审查这一思考方式才终于站稳了脚跟。曾经被称为魏玛共和国“最高法院”的莱比锡国事法院此前对于违宪审查基本上也是保持沉默，最多也就是对于涉及各州与共和国之间关系的案件作出判断。

长谷部：在我看来，违宪审查这一观念原本就很没有存在感。虽然从理论上来说是可行的，但是实际上基本不可能实现。

举例来说，国事法院在 1932 年 1 月 25 日处理普鲁士州与共和国之间纷争的判决也受到了严厉批评，被认为“是将国家生活上的权力问题按照民事诉讼的原则来处理的民法教养造成的形式主义”。但是，现在《波恩基本法》之下的宪法法院并没有遵循这一统治行为的法理。

石田：这是对于魏玛时期司法弱点的反省。

长谷部：确实如您所说，如今德国的宪法法院对于联邦议会的解散是合宪还是违宪，会认真作出判断。而且，对于向北约组织以外的区域派遣军队是否合宪这件事，也会作出判断。

石田：宪法法院的判决有很强的约束力。在宪法法院作出判决后，之前因提出不同意见而对立的党派也会接受判决。关于您刚才说的域外派兵，德国的在野党社会民主党认为是违宪，并向宪法法院提起了诉讼，但是法院给出了合宪判决（1994 年），社会民主党也就听从了法院的判决。

长谷部：此外，在现代的德国社会中，宪法法院的权威也非常高。在“联邦议会、联邦总统及其他国家机关中，您认为最有权威的、您最尊敬的国家机关是什么”这一调查中，“联邦宪法法院”排名第一。

石田：联邦宪法法院在卡尔斯鲁厄这一西南部的地方城市，其建筑物外部是玻璃的，透明感很强，会给市民们一种亲近感。之前，片桐直树导演曾拍过一部纪实电影《日德裁判官物语》，其中日本最高法院的建筑物的庄严感与魏玛共和国的国事法院很像。

德国国民对于战后的西德以及统一后的德国联邦宪法法院的意识是基于“曾经因轻视宪法而招来独裁政治这一无法挽回的过去所造成的痛苦经验”而形成的。

即使是在首次在德国实现了国民主权的魏玛共和国也没能使之生根发芽的“宪法优先”原则，终于在举国上下目睹了希特勒独裁的结局后，成为了德国法律的基本原则。

■ 司法优先的美国

长谷部：如果要对“统治行为论”在各个国家的情况进行比较，我认为可以比较一下刚才在紧急状态条款中也曾对比过的法国和美国的情况。这两个国家中也存在着相当于“统治行为论”的法理。

石田：是和日本的“统治行为论”相似的东西吗?

长谷部：首先，让我们来看一下美国的情况。在美国，它被称为“政治问题的法理”（ political question ）。

如果从“具有高度政治性的问题不是法院应该判断的问题”这一点来看，它基本上与日本的“统治行为论”相似。但实际上稍微观察一下运用了这一法理的事例就会发现，这些事例与在日本被称为“高度政治性的问题”非常不同。倒不如说，因为在日本，宪法明文规定由国会、议院等其他国家机关给出最终结论，因此不交给法院处理的问题也被称为政治问题。

比如，法官在弹劾审判中作出的罢免判断是违宪还是合宪？宪法规定这应由国会参议院得出结论（《美利坚合众国宪法》第一条第三款第六项[1]），所以判例中写明其符合“政治问题”的标准，不需要重新由法院作出判断。（Nixon v. United States，506 U. S. 224［1993］）

另外，有一个很好地体现了美国政治与司法之间紧张关系的例子，即联邦最高法院 1952 年作出的关于制铁厂接管事件的著名判决。（Steel Seizure Case：Youngsown Sheet & Tube Co. v. Sawyer，343 U. S. 579［1952］）

石田：是在砂川事件判决的七年前啊。

长谷部：从时间上来看，这两个事件离得非常近。这个事件中的争议点要从朝鲜战争最激烈的时候美国的钢铁工会发起了罢工开始说。

当时的杜鲁门政权认为，在战争最激烈的时候，如果制铁厂罢工，停止钢铁生产，会对战争产生很大影响。于是，政府命令军方接管制铁厂。

对此，联邦最高法院认为这一命令是违法的，不承认杜鲁门政权对于制铁厂的接管。在接受了最高法院的判决之后，政府停止接管制铁厂，罢工再次开始，并持

1　该条目内容为：“唯参议院有审判一切弹劾案之权。为此目的而开庭时，全体参议员俱应宣誓或作代誓宣言。合众国总统受审时，由最高法院首席大法官主审。无论何人，非经出席参议员三分之二人数的同意，不得被定罪。”参见美国政府官网《美利坚合众国宪法》中译本。

续了五十多天。但是一年后，政府所进行的调查报告显示，这场罢工对于整体的经济活动以及战争的影响非常小。

石田：如果用日本的“统治行为论”来说，这算是统治行为了。

长谷部：在美国，即使是对于这种问题，法院也会插手。在美国联邦法院作出这一判决的几年后，日本最高法院却对砂川事件作出了非常消极的判决。

石田：总而言之，在美国，虽然存在相当于“统治行为论”的东西，但实际上，司法拥有非常强的权限，即使是政治部门作出的认定关乎战况的判断，法院也可以对其加以干涉，叫停。

在“统治行为论”的祖国——法国

石田：我们还剩法国的“统治行为论”没有讨论。

长谷部：实际上，有人认为法国是“统治行为论”的祖国。原本，日语中统治行为这个词，就是法语“acte de gouvernement”的译语。

石田：“gouvernement”在英语中是“government”，也就是“统治”的意思。

长谷部：日语中的“行政行为”对应的法语是“acte administratif”。

包括政府在内的行政权的行为大致分为两类，即行政行为和统治行为。所谓行政行为是指以议会制定的法律为前提而行使行政权的行为。这一类行为可以由行政法院判断其合法还是违法。

另一方面，统治行为是指政府为指导议会的立法活动而做出的行为，也就是所谓高度的政治性问题。对此，不需要由法院来判断是合法还是违法。

石田：您刚才所说的政府指导议会的立法活动，是什么意思呢?

长谷部：比如解散或召开议会；制定预算案或法案，并确定提交的日期，向议会表明政府所希望的立法时间。在议院内阁制之下，政府有时会控制议会的活动。这些虽然是行使行政权的行为，但并不是以议会制定的法律为前提而执行的。倒不如说，是政府在指导议会的立法活动。

石田：也就是在法律被制定出来之前政府所做出的行为。

长谷部：对于这一系列的行为，法院不作出判断，这是在行政审判的领域中经常被用到的概念。

石田：那如果从法国的情况来解释砂川事件和苫米地事件，会变成什么样呢?

长谷部：因为苫米地事件与议会的解散相关，所以应该算是统治行为。

砂川事件是在讨论条约是合法还是违法，因为这个恐怕也是高度的政治性问题，所以，法院应该不会作出判断。

石田：也就是说，和在日本的情况一样，是吗?

长谷部：不过，我刚才所说的是行政法院可能会怎么判断，至于宪法委员会在违宪审查中怎么判断，这是另一个问题。

有一个最近的例子。2017 年 2 月 10 日，宪法委员会判定，处罚访问宣传恐怖主义活动的互联网网站这一行为的法律违反了保障思想和意见的自由交流的人权宣言第十一条。这是在紧急状态仍在持续的法国所发生的事。

进一步来说,在考虑法国这一紧急状态条款时,有“统治行为论”不会成为阻碍的保证。

要说为什么，是因为如前文所述，其宪法第十六条第六项明确规定，由宪法委员会来判断是否满足发布紧急状态的必要条件。

也有法国的宪法委员会没有作出判断的事例。1962年，戴高乐将总统选举的方式由间接选举改为国民直接公投。

当然，在《法兰西第五共和国宪法》中，从一开始就设定了修改宪法的程序，首先就必须通过议会两院。但是，戴高乐将其改为“不向议会提出宪法修正案，直接进行国民投票”。因为这一选举方式的改变会提升总统的权威，所以议会不可能同意。但是，国民投票的结果是六比四，赞成者占多数，因此在这之后，法兰西第五共和国宪法就被这样修改了。

石田：这被认可了啊?

长谷部：是的。所以直到现在，在法国，总统都是通过直接公投选出的。

当然，对此也有人指出“这难道不是违反了宪法吗”，并请求宪法委员会对其进行审查。但是，宪法委员会对此采取了不审查的态度。宪法委员会的立场是“我们不审查作为主权者的国民直接下定的结论”。

石田：这和统治行为不同。倒不如说，是与宪法制定权相近的东西，即拥有宪法修改权的是国民。既然国民的直接意志已经得到了体现，宪法委员会作为违宪审查机关，也就不需要再说什么了。是这个意思吗?

长谷部：这反而与为什么宪法委员会可以对紧急状态条款的发布进行审查有关。发布紧急状态条款的并不是作为主权者的国民，而是总统，但总统本身不过是基于宪法而设置的职能单位而言。有人批判说，参加国民投票的也只不过是宪法上规定的选民群体罢了。

不管怎么说，在类似砂川事件的判决中，法国的行政法院是有可能会搬出“统治行为论”，但法国宪法第十一条也规定，“总统可以将旨在授权批准一项不违反宪法、但可能给现行诸制度的运作带来影响的条约的法案交由国民投票”。关于这类国民意见呈现出对立状况的条约，可以交由国民投票。

如果获得国民承认，就将其作为最终的方案。宪法委员会也不会对此进行否定。

当然，这种情况并没有非要进行国民投票的义务。但是，如果不这么做，免不了会出现“为什么这种重大问题不交给国民投票”这种舆论指责。

石田：我整理了一下咱们讨论的内容。现代的德国出于对魏玛共和国失败的反省，没有接受“统治行为论”。

在美国，虽然有“统治行为论”，但是，原本司法就对政治部门的态度非常强硬。

在法国，虽然有“统治行为论”，但是，像紧急状态条款这种重要的规定，是由宪法委员会作出判断。而且，与国家根基相关的问题，通常是由国民决定。

回过头看，在日本有“统治行为论”，而且，司法在政治部门面前几乎直不起腰。遗憾的是，就连国民也没怎么意识到“这个国家的形态是由我们国民决定的”。

这样一来，就像长谷部先生您所说的那样，如果要引入紧急状态条款，就只能通过修改宪法来放弃“统治行为论”了。

■ 内阁的人事权限这一日本司法的大问题

长谷部：但是，到这里还没有讨论完。

石田：还有什么其他的问题吗?

长谷部：关于高度的政治性问题，如果最高法院等司法机构认真地作出判断，政府一定会被“使用人事权限干涉法官人事”这一诱惑所吸引。

因此，必须提前把这个可能会漏水的水龙头拧紧。

石田：在现在的《日本国宪法》中，宪法第七十九条规定，除最高法院的长官外，其他法官由内阁任命。长官则由天皇基于内阁的指名任命（第六条第二项）。

国民在其后举行的众议院议员选举中，只会被问到“是否罢免这些人”，只要多数投票者没有同意罢免，法官就不会被罢免。

此外，下级法院的法官由最高法院决定，内阁按最高法院提出的名单任命法官。对于法官的人事，内阁的权限非常大。

长谷部：按照惯例，在内阁的人选中，有四人由日本律师联合会推荐。此外，高等法院以下的职业法官出身的最高法院法官也由最高法院推荐其候选人。但是，这归根到底只是惯例，一旦内阁不同意，法院方面并没有能够进行公开抵抗的方法。

我想到了几个拧紧这一权力诱惑的水龙头的方法。一是效仿德国宪法法院的法官任命制度，比如，最高法院的法官任命需要得到众议院和参议院三分之二以上的赞成票。

二是采用目前国际司法界提倡的开普敦原则（Cape Town Principles）[1]。该原则是在 2016 年 2 月，由聚集了世界各国司法工作者和学者的“宾厄姆法律中心”（Bingham Centre for the Rule of Law）这一以伦敦为据点的智囊团公开发表的。其中提议，应该确立“设置独立于政党政治的提名委员会，基于提名，对上级法院法官进行任命”这一惯例。

此外，曾担任最高法院法官的泉德治先生也作为内阁的咨询顾问，提议设置最高法院法官任命咨询委员会，

1　开普敦原则：是一套基于国际和比较经验的原则，旨在为制宪者、立法者以及现有的司法服务委员会或同等机构提供实用指导，通过确定法官的选拔和任命程序以加强司法独立性和法治原则，同时保留足够的灵活性以适应不同国家的法律体系。更多相关内容可参见 https：//binghamcentre.biicl.org/publications/cape-town-principles-on-the-role-of-independent-commissions-in-the-selection-and-appointment-of-judges。——编者

确立“在选拔过程中听取候选人想法”的基础上进行选拔考量的制度。我认为有必要充分参考这一提议，探寻法官人事制度应有的理想形态。

通过煽动不安实现权力集中，是“纳粹骗局”

长谷部：如果无论如何都想在《日本国宪法》中加入紧急状态条款，就必须放弃“统治行为论”，并在人事权方面加强司法独立，这是我们之前讨论过的内容。即便如此，我还是对以现在的自民党为中心的改宪推进派特意强调紧急状态条款必要性的论调感到强烈不适。

强调其必要性的主要理由是，如果在发生大地震或者遭遇其他国家入侵时，首相无法在不等待国会进行讨论的情况下连续发布政令来进行应对的话，会出现很大的问题。但话说回来，如果真的有威胁正在逼近日本，那么具体来说，是什么样的威胁呢？即使威胁正在逼近，如果现在知道是什么威胁，为什么不提前就制定出应对这一威胁的法律呢？

这是在制定安全保障关联法案时也曾用过的手段，我认为，这不是保障“安全”，而是保障“安心”的政治宣传。“安心的保障”这一表达方式是由东京都立大学的木村草太先生提出的。

石田："安心的保障"是指什么呢？

长谷部：与"安全的保障"不同，"安心的保障"没有界限。

也就是说，对于人类来说，不安是没有界限的。将这一没有界限的东西作为依据，然后越说越来劲儿，"怎么样？感到不安吧？采取应对措施应该是必要的吧？"如果国民认可了这一做法，政府权限就可以无限度扩大。

石田：煽动针对国内外状况的不安，将权限集中于强有力的领导手中，让政府权限扩大到惊人的程度，这不就是纳粹德国吗？

"德意志帝国战败也好，魏玛共和国运作不顺也好，长期的经济不景气也好，这些全都是和平主义者、共产主义者、犹太人的阴谋，不是吗？大家觉得不除掉他们，能行吗？现在我们所需要的不是无法充分发挥作用的议会，而是强有力的领导，不是吗？"纳粹党不断地进行着这种政治宣传，终于实现了希特勒的独裁。

在魏玛时期的德国，确实存在法国军队和比利时军队占领鲁尔区、与波兰的国境纷争等与各邻国之间发生武力冲突的危险。希特勒彻底地利用了这一情况，使社会舆论站在他这边。现在日本的情况似乎也有与当时的德国相似的地方。

长谷部：而且，提出"'纳粹骗局'中有值得学习的地方”这一观点的人，还在继续担任着副首相。

■ 企图抛弃“天赋人权说”的自民党

长谷部：在我看来，安倍自民党改宪派的目标是否定“尊重个人、认可多样生活方式”这一如今《日本国宪法》的根本，诱导国民选择对于“固有的文化”与“国家和故土”怀有自豪感这一单一的“正确的生活方式”。

每当访问其他国家时，安倍首相都会千篇一律地重复说“日本与各国共有民主主义、人权、法治这些以价值观的多元性为前提的普世理念”，但是这句话中到底包含了他多少真心呢？只不过是嘴上说得好听而已吧。

在自民党改宪草案的解说书［Q & A］中，关于现行宪法中与人权有关的规定，是这样写的。

《自民党宪法修改草案［Q&A］》

权利是在共同体的历史、传统、文化中逐渐形成的。因此，人权规定也必须遵循我国的历史、文化、传统。在现行宪法中，基于西欧的天赋人权说而规定的内容随处可见，从这一点来看，有必要对这些规定进行修改。

石田：因为是基于西欧的天赋人权说，所以有必要进行修改。如果福泽谕吉听到了这种话，会气得脸色发白吧。[1]

长谷部：《日本国宪法》对于基本权利的保障，是拥有不同价值观的人得以公平共存的社会基础。这是在经历了宗教战争等之后，通过许多人的不懈努力，经过了漫长的岁月，才得以形成的东西。这并不是与人们的意志无关、突然从天而降的东西，怎么能说没有必要如此拘泥于“天赋人权”这一观念呢？

但是，自民党的改宪草案却企图否定多元价值观的公平共存。

话虽如此，这种对于舶来思想的否定并非始于现在的自民党。回溯日本的历史会发现，这与本居宣长所提出的“汉意”否定论相同。

本居宣长认为，虽然古代中国的圣人们说的仁义礼智信是十分珍贵的品质，但是日本人不需要这种东西。他们之所以这样说是因为中国人人性本恶，如果放任不管，就会一直自相残杀，因此才特意创造出了这一概念来让人们信服。与中国人相比，日本人都是纯朴且善良的人，都是天皇忠良的臣民，因此，即使日本人被放任不管，也能正确地、认真地生活。

1　日本近代教育家、思想家福泽谕吉在其最知名的作品《劝学篇》开篇提到的“天不生人上之人，也不生人下之人”是日本家喻户晓的名言，明显是受西欧“天赋人权”的自由平等之说影响。——编者

石田：实际上，在德国，自由、平等、友爱（博爱）这一法国大革命的理念也在很长一段时间内被视为“非德国的东西”，反西欧主义是德国民族主义的主要构成要素。希特勒政权的“国民革命”也作为对于法国大革命的“对抗革命”而受到称赞，西欧的普世价值与人权思想被公然否定了。

在自民党改宪势力中，也可以看到这一倾向。改宪草案是一个非常严重的时代错误。

长谷部：自民党想要舍弃“以价值观和世界观的多样性为前提，让所有人都可以获得人的尊严而在社会中生活，为此，应以公平的方式共同分享社会生活的便益、分担社会生活的成本”这一思考方式的倾向十分醒目。从自民党的改宪草案中可以看出，他们认为，这不是日本固有的思想，不是日本人应该尊重的东西。

战后德国的《波恩基本法》将“即使通过修改宪法，也不能改变宪法的原则”作为自己国家的价值观。与之相反，日本却每当遇到事情的时候，就想否定宪法的理念。如果这是提出改宪的人所共有的想法，我认为在制定紧急状态条款这件事上，绝不能让他们抄半点近路。我们必须意识到，一旦这种权限被制定出来，就一定会被滥用。所谓滥用，并不是指“使用次数”这一数字上的问题，而是指“滥用到什么程度”这一程度上的问题。

第五章“对于过去的克服”强化了德国宪法

■ 传承什么样的记忆

石田：到此为止，在本书中，为了思考紧急状态条款的真正恐怖之处，以及如果其被滥用会变成什么局面，我们讨论了从魏玛共和国时期到纳粹时代的德国实际发生过的事。之后，又探讨了现在的德国、法国、美国的紧急状态条款的特征，并指出了自民党改宪草案中紧急状态条款的问题点。

在此前的讨论中我们厘清了各国是否在宪法中规定了紧急状态条款，以及在规定了紧急状态条款的情况下，其内容是根据各国的成立经过以及历史的自我认知而定的这些情况。德国的紧急状态条款于1968年被加入到《波恩基本法》中，即使是在危急时刻，也不会将权力集中到政府，而是增强联邦议会的权限和参与力度。这是因为德国曾经有过失败的经验。

在本章中，我想思考的是，在希特勒的独裁下践踏了犹太人等少数群体的人权、进行了前所未有的大屠杀、种族灭绝的德国，在这之后是如何克服失败的过去，变成了像今天这样自由、民主的国家。

长谷部：在我看来，这与日本的改宪讨论在某种意义上如出一辙，在安倍政权下所进行的克服过去的尝试，即该如何面对在战时对于其他国家的加害这一问题，也可以与德国的情况进行对照。

石田：在这里，先让我们来看一下这张照片吧。

大屠杀纪念碑

这是柏林的大屠杀纪念碑。它位于柏林的市中心，勃兰登堡门的旁边，相当于是在日本东京日比谷公园这样的场所。这附近有曾经在纳粹时代组织大屠杀的党卫队国家安全部，以及在 1961 年到 1989 年期间，将东西柏林隔开的“柏林墙”。德国统一之后的 1999 年，在联邦议会内外进行了漫长的激烈争论后，为了追悼“被杀害的欧洲犹太人”，也为了避免再次犯下这种错误，德国决定建立大屠杀纪念碑，并于 2005 年将其建成。

大屠杀纪念碑的占地面积约有四个足球场那么大。一根又一根柱子象征着死者的墓碑。一共两千七百一十一根柱子，如波浪般高低排列。即使是在白天，由于场所的原因，光也会被柱子的阴影遮住；如果转头向后看，会看不见同行者的身影……设计者花费了大量的心思和工夫，让如今的我们感受到了无辜的犹太人曾抱有的不安和降临在他们身上的荒谬，哪怕只能感受到一点点。

长谷部：这是国立的纪念碑。

石田：是的。在纪念碑地下有信息中心，可以在那里了解到与大屠杀有关的各种知识。

从这里开始，让我们先将“公共记忆”这个词放在心上，再来进行思考吧。

如果让我对“公共记忆”这个词下定义的话，就是：“关于在某个共同体发生的重大事件，无论共同体的成员是否亲身经历过，都应该是超越世代和立场被传承的记忆。”

长谷部：对于德国国民来说，“公共记忆”是指，无论是作为纳粹党员经历过那场战争的九十岁老人，还是认为智能手机的存在是理所当然的十几岁的年轻人，都应该共同拥有的记忆。

石田：是的。不过，关于“谁的什么记忆应该被传承”这一点，并非不言自明。大屠杀这种令人心惊胆战的事对于受害者和除受害者以外的人来说，是完全不同的。曾经是加害国的德国现在想要将差点被希特勒斩草除根的犹太人难以名状的痛苦记忆加入到自己国家的“公共记忆”中。

长谷部：总而言之，像石田先生这样的历史学者正在将这一事实（我认为可以称之为历史）挖掘出来，进行研究。但是，记忆这个东西是包含着如何看待历史这一视点的问题在内的，选择视点的方法实际上会随着时代的变化而变化。

石田：确实如您所说。如何面对过去、如何承担对于过去的事的责任，这与该国的“公共记忆”的存在方式密切相关。

战后初期不是追悼牺牲者的时期

石田：德国对于过去的处理方式，虽然如今在世界范围内都获得了很高的评价，但是在战后初期并非如此。

战争结束时，德国各个城市的大街小巷都因为空袭和巷战近乎完全损毁。而且，根据占领军的命令（《波茨坦协定》），居住在东部领（相当于现在波兰与德国的国境线“奥德河－尼斯河线”东部）的德国籍居民一齐被从故乡驱逐，变成了事实上的国内难民。如果再加上在战争末期为逃离苏联红军的威胁，一无所有地向西逃亡的难民在内，来自东部的“被驱逐难民”达到了一千五百万人，其中约有两百万人在逃难过程中因遭到袭击而丧命，有些人因为太过绝望，甚至自己结束了生命。

德国的国土被美英法苏四个战胜国分割占领，德国的主权也被夺走，无法继续以国家的形式存在。在这种情况下，德国人的行为受到了很大限制，他们很难亲自对大屠杀的幸存者伸出援手或追悼死亡的犹太人。

占领军为了彻底清除纳粹主义和军国主义，将支撑纳粹体制的党和国家、军队、产业界的领导者们送去审判（纽伦堡国际军事审判），各占领地区也基于各自国家的法律对纳粹战犯进行了审判。此外，为了推进德国社会的“去纳粹化”，将每个德国人作为对象，调查他们与纳粹体制之间的关联程度，如果关联程度很深，就会将他们驱逐出境。

但是，在美苏对立激化、冷战开始的 1947 年到 1948 年，这种惩罚性质的人事政策被重新审视，乃至出现了“倒退路线”。

这一倾向在西侧占领区尤为显著，1949 年，作为分裂国家而成立的德意志联邦共和国（西德）的首任总理康拉德·阿登纳在就任总理之后，立刻宣布“别再到处嗅纳粹的气味了”，彻底撤销了去纳粹化政策的成果。因为他断定“去纳粹化给德国带来了灾祸”。

■ 对于犹太人的赔偿——在外部压力和实现独立的目的之下

石田：阿登纳总理在这时采取了双重战略。一方面，为了给国内外留下“刚成立的西德是自由、民主的国家”这一印象，他积极称赞反纳粹的民主主义理念；另一方面，他积极推进旧纳粹势力的社会融合。

将战争末期余下的八百万纳粹党员从社会中清除出去并建立新国家，这当然是一件很难的事。政府也逐渐意识到将国民分为原纳粹党和除此之外的人的弊端。实际上，《波恩基本法》第一百三十一条有关于重新雇用因被占领而失业的公务员的规定。只要发誓忠诚于基本法，就不再过问其在纳粹时代的过去。就是这样的意思。

长谷部：回顾此前的欧洲历史，许多国家都选择了“不过问过去”。比如，在法国，王政复辟后的《一八一四年宪章》第十一条规定，不可重新搜寻从开始革命到王政复辟这期间进行了什么样的发言和投票表决。说得直白一点就是，因为将路易十六世送上断头台的相关人士大多都还活着，因此，政府决定停止翻旧账，避免加剧社会分裂。社会学家约恩·埃尔斯特（Jon Elster）曾说过，这是相当于体制转换的、对于过去的记录的封锁（closing the books）。

但是，纳粹德国的所作所为，从它的规模以及它将国外的人们也卷入其中这两点来看，与法国当时的情况完全不是一个级别的事情。

石田：这在迄今为止的审判中是前所未有的、无法裁决的犯罪。因此，在纽伦堡审判中，制定出了“破坏和平罪”和“违反人道罪”这种新的犯罪概念。但是，德国方面认为这相当于诉诸溯及效力（事后法），因此表示强烈反对，并没有正式接受纽伦堡审判的结果。

长谷部：在这一点上，日本与德国形成了对照。日本接受了远东国际军事审判（东京审判）的判决结果，并签订了《旧金山和约》。

石田：是的。

长谷部：战争赔偿是什么情况呢？

石田：对于纳粹受害者的保护和帮助是在德国被占领的状态下开始的。其开端是由于美国占领军的要求。为回应美国的要求，西德首先在各州开始了对于纳粹受害者的保护和帮助。

作为与以色列和解的开端，阿登纳政权签订了赔偿协定（《卢森堡协定》）。此外，阿登纳政权还制定了被称为德国战后赔偿支柱的《联邦赔偿法》。但是，这两项措施都没有得到国内舆论的支持。特别是《卢森堡协定》，即使是在执政党内也有许多人以“财政负担过大”为由反对，该协定的签订是在得到了在野党社会民主党的支持之后才终于得以通过的。但是，《卢森堡协定》的缔结也被认为是西德为了加入西方阵营所必须拥有的“入场券”。

长谷部：另一方面，制定对于德国国内的犹太人、纳粹的受害者们的赔偿政策这件事也被加入到了以西德的主权恢复为目标的《德意志条约》[1]中。

石田：是的。在第三章中也曾提及，在要求西德完善紧急状态法制的《德意志条约》中，在对西德提出要求的《德意志条约》中，阿登纳政府承诺会对纳粹的受害者们进行赔偿。从这一意义上来说，德国在战后开始进行赔偿，很大程度上是由于外部的压力。

1 《德意志条约》：1952 年 5 月 26 日西德与美国、法国、英国缔结的《关于三国和德意志联邦共和国之间关系的条约》，一般称《波恩条约》。

甚至连奥斯威辛都不曾提起的西德

石田：20 世纪 50 年代的西德以美国的经济援助和朝鲜战争为契机，实现了“奇迹般的复兴”。与此同时，作为西方阵营的前线国家，西德开始重整军备。

长谷部：从这几件事来看，日本的战后复兴以及自卫队成立的经过与德国有相似之处。

石田：如果要说不同，那就是由于与东德（苏联阵营）之间的对立，西德变成了明确的反共国家。在西德，德国共产党被取缔，在野党社会民主党也坚决倡导反共主义。此外，由于德国被分成了东德和西德，对德媾和条约的缔结也被暂缓进行。结果，对于赔偿问题的解决一直被搁置到德国统一。

长谷部：阿登纳政权是一直持续到 1963 年的长期政权。在这一时期的西德，纳粹时代的过去是如何被讲述的呢？

石田：在当下富裕的生活中，与过去有关的痛苦记忆开始逐渐从人们的意识中褪去。即使有人讲述了自己悲惨的战争体验，大屠杀也没能在公共记忆中占有一席之地。而且，也没有人在公开场合提到过奥斯威辛。更有甚者，当法国电影导演阿伦·雷奈（Alain Resnais）所执导的著名纪实电影《夜与雾》（1955 年）在戛纳国际电影节上获得提名时，受到冲击的西德政府以“这部电影与应当推动国际友好的电影节不相称”为由，向“友好国”法国施加了压力。

长谷部：放到现在是无法想象的事呢。

石田：没错。即便如此，在 20 世纪 50 年代末，发生了好几起与之后的巨大变化相关的重要事件。

其一是反犹太主义的风潮再度来袭。

在这一时期的西德，无论是在学校还是在家庭中，几乎不会有人告诉孩子们“在纳粹时代，德国对于犹太人等少数群体做了什么”。在德国的年轻人之中，对于幸存并领到赔偿金的犹太人以及告发德国人的犹太人的反感与他们对于犹太人的不理解交织在一起，形成了一种新型的反犹主义。

长谷部：这被称为“奥斯威辛之后的反犹主义”。

石田：是的。1959 年年底，西德的年轻人破坏犹太教堂和犹太人墓地的事件频发。这一事件象征着西德并没有对过去进行反省，因此西德成为了外国媒体批判的靶子。在这种情况下，没有含糊其辞，而是站出来作出回应的是东德。

当时，东德和西德围绕着“谁是真正的德国”而展开竞争。东德是由共产主义者支配的国家，通过驱逐纳粹主义而占据了道义上的优势地位。东德为了使西德失去国际社会的信任，竭力主张纳粹的余党还在西德暗中活动。实际上，阿登纳的总理府长官汉斯·格洛布克正是纳粹时代的内政部高级官员，也是写出迫害犹太人的法律依据之一《纽伦堡种族法》（1935 年）的解说书的专家。

■ 成为分歧点的艾希曼审判

长谷部：有人指出，活跃于纳粹时代法律界的一部分人现在仍然存在于西德的法律界中。看，纳粹时代的法官并没有被问责，现在不仍然是政府官员吗？

石田：这一情况愈演愈烈的 1961 年，在以色列进行了著名的艾希曼审判。这场围绕着大屠杀的世纪审判通过电视在全世界放映，人们存在于忘却深渊之中的与大屠杀有关的记忆也随之开始苏醒。

长谷部：曾经是党卫队中校的艾希曼是与决定将犹太人送往集中营的“犹太人问题的最终解决方案”相关的人物。二战后，艾希曼在阿根廷过着逃亡生活，但后来被以色列情报机构摩萨德发现，被秘密逮捕并送往以色列接受审判。

自身是犹太人的政治哲学家以赛亚·伯林在寄给朋友的书信中写道：“艾希曼审判是一场以教育为目的的政

治秀。将艾希曼处以死刑后，国际舆论可能就会说：‘犹太人已经完成了复仇。我们也已经受够了大声嚷嚷自己是受害者的犹太人，给我适可而止吧！’”

石田：确实，艾希曼审判中有以色列政府的隐藏意图。当时，在以色列，不知道大屠杀的非西欧出身的犹太人逐渐增多，在以色列正在进行国民统合的时点，对于曾经想要消灭自己民族的艾希曼进行审判，具有重要意义。

那时，以色列即使发现了纳粹犯罪的嫌疑人，也不会将其引渡给德国。因为嫌疑人很可能会被判无罪。实际上，德国法院所作出的判决十分宽松，有罪判决件数在 1948 年达到最高值之后就一直下降，在 20 世纪 50 年代后期，有罪判决的件数屈指可数。而且，德国有“同一事件不得再次审理”的原则。

长谷部：这也是盟军在《德意志条约》中的要求。如果在占领军的审判中被判有罪的人在德国重新拥有主权后又被改判无罪，事情就会变得非常麻烦。因此盟军要求法院判决之后不得再次改判。

石田：这对于得到宽松判决的人们来说是有利的，因为即使之后他们的犯罪事实变得清楚，法院也不会再对他们重新进行审判。

直接参与大屠杀的德国人，保守估计至少也有二十万人以上。根据学说不同，也有人认为有五十万人。但是，在德国的法院中被判有罪的人又有多少呢？在西德有九千人，在东德有一万人，被判有罪的只不过是极少一部分人而已。

对于这种因为对过去模棱两可的态度而导致如今"得过且过"的政治和社会状态，西德国内也开始出现反对的声音。

与时效的斗争

石田：发出反对声音的是在战后进入法律界的年轻法官、检察官以及学生们。

1958 年，"纳粹犯罪追究中心"（为查明纳粹犯罪的州司法行政中央本部）设立。设立这一信息收集中心的目的是统合此前在各州分散进行的对纳粹犯罪的追究。该中心由各州的司法界人士设立，并非出自中央的联邦政府之手。设立该中心的背景是当时日益紧迫的时效问题。

长谷部：在当时的德国刑法中，故意杀人罪的公诉时效是十五年，谋杀罪的公诉时效是二十年。

石田：是的。1965 年，大多数纳粹犯罪的公诉时效已经确定。应该如何加以应对呢？从 20 世纪 60 年代到

70 年代，对于时效的讨论变得活跃起来。讨论最激烈的时期大致有四个，分别是 1960 年、1965 年、1969 年、1979 年。

在这之中，尤为重要的是发生在 1965 年的第二次时效论争。从结论来看，谋杀罪的公诉时效被延长了大约五年，在四年之后的 1969 年又被延长了十年，并最终于 1979 年彻底废除了对时效的限制。

在第二次时效论争中起决定性影响的是从 1963 年开始在西德的法兰克福进行的奥斯威辛审判。在黑森州总检察长弗里茨·鲍尔等人的努力下，实现了一度被认为不可能实现的针对集中营的审判。

鲍尔是德国犹太人，在纳粹时代过着流亡生活。在他看来，德国人亲自追究纳粹的犯罪事实对于战后民主主义的重建来说是不可或缺的。鲍尔的这种观点最初是被孤立的，但后来在年轻一代的支持下终于实现了开庭审判。

在审判中，德国人在奥斯威辛的所作所为被逐一揭露。在此之前连奥斯威辛的“奥”字都不知道的人们也开始了解自己的先辈、自己父母那一代人做了什么。

长谷部： 这时是战后二十年。从学生或刚踏入社会的年轻人的视角来看，纳粹犯罪已经开始变成父母那一代人的问题了。

石田：是的。看到这种动向之后就会明白，这次审判使不了解战争和纳粹独裁的年轻一代人对于历史有了更深的认识。对于纳粹时代的历史研究正式开始是在 20 世纪 70 年代以后。在此之前，“司法想要弄清过去的事实”这一行为的意义十分重大。在我看来，这正是德国与日本的不同之处。在关于历史认识的问题上，日本司法的存在感很低。

■ “我们也有罪”

石田：奥斯威辛审判正好与第二次时效论争在时间上重叠了。当时的艾哈德政权想要让公诉时效确定，社会舆论也大多对此表示赞成。举国上下似乎都想让这件事就此结束。

对此提出反对意见的是年轻的国会议员们。执政党和在野党两大政党的年轻人超越了党派，表明了自己反对确定时效的立场。

在这一论争中，执政党基督教民主联盟的恩斯特·本达（Ernst Benda）和在野党社会民主党的阿道夫·阿恩特（Adolf Arndt）发表了让人记忆犹新的演讲。恩斯特·本达在当时是刚满四十岁的政界新人。

长谷部：他在不久后成为了联邦宪法法院的长官。

石田：是的。面对将法律的稳定性和法律面前人人平等作为挡箭牌而要求时效确定的多数派，恩斯特·本达果断地挑起了论战。他说："关于谋杀罪，如果明明只要想补偿就能补偿，我们却选择放任犯罪者，不对受害者进行补偿，我们的正义感就会堕落到令人难以忍受的地步。""确定时效不外乎是对于重大案件犯罪者施行免除其责任的手段，但其实只有受害者才有资格赦免他们。"

阿恩特是著名的犹太人法学家的儿子。因为阿恩特的妻子是"雅利安人"，因此，阿恩特得以在希特勒政权下以"半犹太人"的身份幸存下来。但是，他的亲属们都被杀害了。接下来，让我来引用一段他演讲的内容吧。

当我看到犹太人从我们的市内被卡车拉走时，我没有冲到街上大叫。我无法将大卫之星臂章戴在袖子上，说："我也是犹太人！"……我无法说我已经做了足够多的事……人们将大门紧闭，因此对那本能获得拯救的几万人犯下了罪。如果世人能明辨道义，说："快来这里，我帮你藏起来！"只要说了这句话，他们就能得救。

石田：阿恩特以其独特的身份说出了"我们也有罪"，唤起了德国人的当事者意识。哲学家卡尔·雅斯贝斯在战败后不久出版了《罪责论》（1946 年出版）一书。可以说，阿恩特的这段演讲是明确意识到了《罪责论》中的内容。总而言之，人与人之间存在连带关系。因此，无论是谁，都要对这个世界中的违法行为和不公正行为负有一半的责任。尤其是在自己当时在场的情况下，如果没有尽自己所能阻止犯罪，就必须对于罪行负有一半责任。

长谷部：这一主张很好地反驳了“我只是听从命令”这一被用惯了的借口。

石田：1968 年，曾在第二次时效论争中大为活跃的本达作为大联合政权的内政部长，对于紧急状态条款案的大幅修改倾其所能。他否定了“危急时刻是行政权应该出场的时候”这一当初政府草案中提出的观点，并率先提出了“通过提升联邦议会的权限来应对危机”的方针。

发生变化的年轻人与战后初期的政权更迭

石田：从 20 世纪 60 年代到 70 年代，在西德，公共记忆的存在方式迎来了转换期。打开新时代之门的原动力是被称为“六八一代”的年轻人。他们身上展现出了与在战后长时间对纳粹时代的过去保持“暧昧”态度的父母那一代人进行严肃对决的姿态。

父亲曾经是纳粹党员、母亲曾经在纳粹集中营工作……一旦孩子们知道了这些事，就再也不会与父母说话。当时，这种氛围支配着西德的年轻人社会。

长谷部：这是在日本的学生运动中完全看不到的现象。对于六八一代来说，在自己十几岁、正是极为敏感的年纪时，目睹了奥斯威辛审判以及 1965 年的时效论争，这些事很可能给他们造成了很大的冲击。

石田：1969 年，在西德进行了战后初次的政权更迭，社会民主党的维利·勃兰特当选为总理。勃兰特在纳粹时代曾投身于反纳粹抵抗运动，1961 年，东德修建“柏林墙”时，勃兰特是西柏林的市长。勃兰特与给人以老奸巨猾印象的阿登纳不同，在年轻人中很有人气，不久就成为了六八一代的英雄。在勃兰特总理的领导下，西德的公共历史认识发生了很大变化。

勃兰特是在所谓的“东西紧张缓和期”内成为了西德的总理。在这里，我想介绍几句他曾经说过的话。

1970 年 5 月 8 日　勃兰特总理在终战二十五周年纪念仪式上的演讲

在二十五年前的今天，许多德国人感受到了作为个体和国民的痛苦。从其他民族的视角来看，则是从被外国侵略、恐怖主义及不安中获得了解放。……一个民族必须做好冷静凝视本民族历史的准备。这是因为无法记起过去发生过什么的人，既无法认识到现在正在发生什么，也无法预测明天将会发生什么。冷静地面对历史，尤其是对于年轻一代来说，至关重要。年轻一代并不曾参与到当时已经结束的事中……但是，在我们继承下来的历史中，谁都不是自由的。

此外，在半年后的1970年12月，勃兰特在参加完决定实现与波兰关系正常化的《华沙条约》签约仪式之后，在华沙犹太居民区旧址、犹太人牺牲者的追悼碑前跪了下来。

下跪的勃兰特总理

回国之后，在《明镜》周刊的采访中，勃兰特是这样回答的：

曾经的德国，因实施过几百万件犯罪行为而臭名昭著。现在，我想以德意志民族之名进行道歉。如果想要探寻新的开端，不再重复过去的恐怖，这是必须要做的事。

据当时西德的舆论调查显示，对于勃兰特的下跪行为，赞成者和反对者的比例不相上下。但是现在，勃兰特的下跪行为作为战后德国直面过去的象征，获得了国内外的高度评价。可以说，在各种力量互相碰撞的现实政治中，这一行为展现出了政治领导者的道德。如今在该地，勃兰特下跪的样子变成了纪念雕像，而这件事也成为了德国与波兰所共同拥有的公共记忆。

■ 一部打动了国民的电视剧

石田：在 20 世纪 70 年代，还有一件事使德国国民的历史认识发生了巨大变化，它就是电视片《大屠杀》的放映。

长谷部：电视片？用现在的话来说就是电视剧吧？

石田：这是一部连续播放四晚、共计八小时的大作。最初，我在调查这部电视剧的影响时，也曾怀疑过“这部电视剧真的有这么重要吗”，但实际上，它真的非常重要。由于这部电视剧的出现，报道纳粹时代的大众媒体一扫往日风格，从这一点来说，这部电视剧的出现也堪称“媒体革命”。

在此之前，各大媒体将与大屠杀有关的主题视为禁忌，并避开与之相关的报道。《大屠杀》是由女演员梅丽尔·斯特里普（Meryl Streep）主演的美国电视剧。该剧于 1979 年 1 月在西德播映，但保守派的政治家对播映表明了反对态度，右翼甚至明目张胆地阻碍播映。但是，当该剧在西德的科隆开始播映后，收视率竟然达到了 59%。在播映之后，《明镜》周刊将《虐杀犹太人（大屠杀）击中了德国人的心》作为巨大标题，制成了特辑，并写道："对于历史学家来说，这是黑暗之日。"历史学家们无论写了多少论文都没有人读，也没有对社会产生影响，但是，仅这一部电视剧就改变了德国国民的意识。

以这部电视剧的火爆为契机，西德的大众媒体开始与历史学家合作，接二连三地向大众传递与大屠杀有关的新事实。电视台也不再对以大屠杀为主题的内容犹豫不决。这一现象一直持续到现在。

另一方面，历史学在这一时期也发生了巨大变化。原来，历史学是保守的学问，担当着为国家正当性而辩护的职责。但是，在 20 世纪 70 年代，历史学开始对国家权力展开批判性的讨论。而且，其研究对象也从政治史、外交史扩展到社会史和人们的日常史。这一新的历史学也被称为"批判的历史学"，在其发展的过程中，不仅是犹太人，辛提人和罗姆人（Sinti Roma，即吉卜赛人）、身心障碍者（纳粹医学犯罪的牺牲者）、同性恋者等此前被遗忘的纳粹犯罪的牺牲者们也被重新发现，德国政府对他们进行赔偿的道路也由此被开拓了出来。

■ 保守派的反动操作与魏茨泽克总统的演讲

石田：在 1982 年的政权更迭中，以勃兰特、赫尔穆特·施密特所属的社会民主党为中心的左翼中道政权结束，保守派基督教民主联盟的赫尔穆特·科尔政权诞生。科尔拥有历史学学位，他的历史认识极其保守，与要求直面过去的潮流划清了界限。总而言之，他想要将在 20 世纪 70 年代不断发展的“直面过去”这一新动向推回原处。

在科尔看来，与其永远拘泥于纳粹时代的过去，倒不如将从废墟上站起来的战后德国的苦难与繁荣的历史放在国民身份认同的中心。科尔总理在战后四十年的 1985 年 5 月，与美国总统里根在比特堡军人公墓举行了德美友好纪念仪式。虽然美国的犹太人团体曾指出，比特堡军人公墓中有可能参与过大屠杀的武装党卫队队员的墓，科尔却无视了他们，强行举行了仪式。

在这件事发生之后的第三天，里夏德·冯·魏茨泽克总统作了一场载入史册的著名演讲——《荒野的四十年》。在这一演讲中，魏茨泽克总统呼吁国民“直视真实的历史”。

魏茨泽克演讲1985年5月8日（节选）

无论有罪无罪，无论年老年幼，我们所有人都必须承担过去。我们每个人都与过去相连,都对过去负有责任。

为了理解为何将历史铭记在心如此重要，我们老幼之间必须互相帮助，并且，也能够互相帮助。

问题不在于克服过去。我们不可能克服过去，也不能改写过去或者当作什么也没发生过。对过去紧闭双眼的人，最终会无法看清现在。不把这些非人行径铭记在心的人，就容易再次陷入这种危险之中。

哈贝马斯的宪法爱国主义

石田：魏茨泽克的这场演讲掩盖了科尔的不体面，但也招致了其他人的反驳。保守派历史学家恩斯特·诺尔特问道：“为什么明明世界各地都有大屠杀，却唯有德国要永远被奥斯威辛困住?”并要求从“不想跨越的过去”中解放。

尤尔根·哈贝马斯等左翼知识分子极为警惕这种将奥斯威辛相对化的操作，认为不应如此，而是应该以奥斯威辛为原点，接受它，并将自由和民主主义这些普世价值发扬光大。

长谷部：此外，哈贝马斯还提出了宪法爱国主义这一概念。

哈贝马斯强调，我们的宪法《波恩基本法》中规定了即使通过修改宪法也不能改变的宪法原理。这难道不是战后德国公民所拥有的价值观吗？

在我看来，哈贝马斯的这一言论也在很大程度上引导和加深了德国国民对于宪法的理解。关于哈贝马斯的主张，换句话说就是：我们应该热爱的“国家”，只有我们的宪法基本原理。哈贝马斯并没有打算守护施米特所设想的那个不可能存在的、一元的、均质的、优秀的德意志民族。

石田：确实如此。

长谷部：哈贝马斯等人将历史与宪法视为同等的存在，为人们整理出了“德国这个国家的存在方式是这样的”“曾经有过这样的历史”等内容。哈贝马斯等人所整理出的内容赋予了德国人重新审视过去的机会。总而言之，如果将石田先生所说的公共记忆一词作为本章的主题，那么，什么样的记忆应该成为一个国家的公共记忆，就相当于在问“那个国家的人们是否考虑过什么样的宪法原理是适合本国的宪法原理”。这难道不正是由哈贝马斯揭示出来的吗？

■ 道歉结束了吗？

石田：德国对于过去的态度就是这样发生转变的。而其中最具决定性影响的事件是 1990 年的两德统一。

由于英国和法国都反对两德统一，要想改变英法两国的态度，获得其信任，就必须展示出诚实地面对纳粹时代的姿态。为了实现统一大业，保守派的科尔总理也开始想要直面过去。关于建造柏林大屠杀纪念碑的讨论也是从这时开始的，对此，科尔一开始就表示了赞成。

纪念碑建造完成后，在德国的首都，对自己国家曾经的过错进行反省的巨大城市空间就此诞生。除此之外，追悼在纳粹体制下被虐杀的辛提人和罗姆人、遭到迫害的同性恋者的国立纪念碑就在它旁边。此外，德国国内的集中营以及盖世太保监狱的旧址也得以保存和维护。这些地方不仅是追悼牺牲者的场所，与此同时也作为学习历史的场所得到了有效利用。

长谷部：在战争结束后的半个世纪里，德国通过司法、政治家、思想家的努力，以及热情参与其中的年轻人发起的运动，关于“如何面对历史”这一话题不断被积极讨论。与德国完全不同，日本却尽可能不去回顾自己在这场战争中给世界人民造成的伤害。日本社会与德国社会之间的差距，从这一点来看已经一目了然。

政治哲学家约翰·罗尔斯曾委婉指出，虽然可能会有人认为日本与纳粹德国所做的事情不是一个级别，但是，这并不是日本不反省过去的借口。就像我在前文中提到的那样，当直面自己国家的过去时，应该也会意识到自己选择了什么样的宪法原理、想要选择什么样的宪法原理。

石田：在选择了直面过去的德国人的讨论中，其中心观点在于将罪行与责任分开。

长谷部：年轻一代没有罪，但是有责任，是吗？

石田：是的。在魏茨泽克的演讲中，有如下的一段内容。

> 现在的大多数人在那时都还是孩子或者还没有出生。这些人无法对于自己没有做过的事，忏悔自己的罪过。
>
> 仅仅以“因为是德国人”这个理由，就认定这些人应该穿上粗袍罪服，进行悔改，这不是有感情的人能做出的事。

在前文中引用的以“无论有罪无罪，无论年老年幼”开头的著名片段之后，魏茨泽克还说了一句话：“但是，先人留下了对于他们来说并不容易继承的遗产。”但是在日本，魏茨泽克说的这句话却似乎被误解成“因为有罪的人已经不在人世，所以道歉也可以就此停止”这个意思的婉转表达。

长谷部：顺便说一下，安倍首相在战后七十年的谈话中是这样说的。

2015 年 8 月 14 日　内阁总理大臣谈话（节选）

在日本，战后出生的人们现在已经超过了全体人口的百分之八十。我们不能让与那场战争没有任何关系的、我们的子孙后代以及上一代人的子孙后代背负着不断道歉的宿命。但是，即便如此，我们日本人也必须超越世代，直面历史。我们有责任以谦虚的态度接受过去，并将其移交给未来。

石田：直到 2017 年 3 月一直担任德国总统的约阿希姆·高克在 2014 年对希腊进行正式访问时，拜访了位于希腊西北部的一个名为利吉迪斯的小山村。在这里，德军在第二次世界大战中的 1943 年 10 月对当地的居民进行了屠杀。高克总统站在希腊总统、村民以及受害者遗属的面前，发表了道歉演讲。

我知道，在德国，对于这场犯罪负有责任的人都已经不在人世了。而且，我也知道，像我们这种在之后出生的人，作为一个独立的个体，不对此负罪。即便如此，我还是在这样的场所中感到了惊愕和双重意义的耻辱。耻辱之一是，在德国文化中长大的人竟然在这个地方做出了如此残忍的行为。耻辱之二是，作为战后的民主主义国家，德国虽然在一步一步地解决过去遗留下来的问题，却并不想了解也不想反思对于希腊国民所犯下的罪行。

如果有可能的话，我希望下达这一命令、实施这一罪行的人能更早地说出“请原谅我”“真的非常抱歉”“我很后悔听从了这一命令”这样的话。

但是，他们没有说出这些话，也没有对此进行反思。这样的行为无异于将牺牲者从人们的记忆中抹杀，这是第二次犯罪。因此，在今天，我想将那些实施犯罪的人和在战后负有政治责任的人没有说清楚、没打算说清楚的事，好好说清楚。在这里，曾经发生的是惨无人道的不法行为。

我在这里怀着耻辱与痛恨的心情，代表德国，向被虐杀者的各位遗属，深表歉意。

历史与宪法都“不想直面的东西”

石田：利吉迪斯是德军在“报复作战”中所烧毁的无数个希腊村庄之一。在利吉迪斯，包括十一岁以下的三十四名孩子在内，共有八十二名村民遇害。这次事件并不是由作为大屠杀的实际执行部队而臭名昭著的武装党卫队干的,而是德国国防军所为。遇害者也不是犹太人。也就是说，这次事件并不是所谓的“纳粹犯罪”，而是日本军队也曾染指的“战争犯罪”之一。

对日本和德国战后的发展进行比较，在我看来，在日本，国民并没有正面讨论过“该如何面对过去”的问题。在刚才有关哈贝马斯的内容中，长谷部先生曾指出，花费很长的时间来重新审视自己的过去的这一尝试，与德国（波恩）基本法的精神被理解、渗透的过程是相重合的。

20 世纪 70 年代末，在西德发现了除犹太人以外的纳粹犯罪受害者，此前一直被无视的人们由此而正式地被认定为受害者，成为赔偿的对象。在我看来，这一动向与基本法所倡导的尊重、拥护“人的尊严”这一根本原理在德国社会的渗透是互相关联、共同发展的。与此相较，战后的日本社会并没能充分地正视自己曾经是加害者的这一历史，反过来看就意味着《日本国宪法》的精神还没有得到充分理解，也还没有渗透到国民之中。

长谷部：确实如您所说。我再补充一点，那确实并不是一条容易的道路。因为人们通常不愿意面对自己的祖先曾经犯下的过错。对于现在的日本人来说，要因为连自己都不认识的祖先所做的事情而受到牵连，要永远接受监督。就像伯林所担心的那样，人们会觉得自己已经受够了。

此外，比如《日本国宪法》所规定的“尊重个人”，其理念是：因为人类的世界观与生存方式多种多样，并有其各自的意义，所以，应以此为前提来构建日本社会。但是，人们通常会认为自己认为“正确”的世界观和价值观，其他人也会这样认为。这是人之常情。尊重与自己拥有完全不同世界观或价值观的人，本来就很麻烦，所以人们大多都不想这样做。在上一章中提到的本居宣长对于“汉意”的看法，不就是一个典型的例子吗？

也就是说，虽然直面历史、理解宪法的理念，并使其向更深层次发展，确实非常重要，但这个过程是与人类的自然本性相悖的。

因此在德国之所以对这件事的讨论能不断深入，是因为存在“即使强己所难也应该积极地思考虑这件事”的机制、运动。

石田：我也是这样认为的。被称为“六八一代”的群体被认为是建造大屠杀纪念碑、制定出有意识地直面过去的公共规范的中坚力量。如今，六八一代也都成为了老人，那个公共规范能否真正地被后人所继承，还有待观察。但是，在现在的德国，市民性的教育等“政治教育”还在被人热心推进着。这体现了社会各界对于将彻底蹂躏了人权和民主主义的纳粹德国的历史作为“反面教材”供大家学习这件事的广泛共识。

长谷部：最近，在日本，如果想以宪法为主题举办活动而借用文化馆的话，就会被以“牵扯政治”为由拒绝（笑）。

石田：这是一件很遗憾的事。

■“必须面对”的市民之力

石田：因为刚才提到了“德国现在也有回顾历史的积极运动”，所以，在这里，我想再介绍一张照片。

柏林市内的绊脚石

虽然是人行道，但道路上却埋着十平方厘米的方形黄铜金属板。这种被称为“绊脚石”的纪念板，在德国随处可见。这是由科隆的雕刻家冈特・德姆尼希于 1992 年发起的市民运动。普通的过路人或游客如果踩到这个绊脚石上，可能会感受到一种违和感。如果低头看脚下，就会发现金属板上除了刻有人名和出生年月日之外，还刻着那个人是于何年何月何日在哪里的集中营被虐杀的。

纪念板将“纳粹的牺牲者们曾经住在这些被埋着的金属板附近，他们是从这里被送往集中营的”这一信息传达给了世人。不仅是犹太人、辛提人和罗姆人，还有纪念因政治原因被杀害的共产主义者、和平运动家等人的金属板。制作一块金属板似乎要花费数万日元，它们大多是用市民的捐款来制作的。

长谷部：这是完全的市民运动吗？但是，这是在公共道路上啊。

石田：是的。其特点之一就是埋在公共的道路上，这样做会和政府之间发生冲突。但是，正是借由可能发生冲突的风险，当地居民、政府、大众媒体才能聚在一起开会讨论“问题在于哪里”。即便如此，政府方面还是不太喜欢这种纪念板。“绊脚石”纪念板在柏林、法兰克福、汉堡有很多，但在慕尼黑附近很少。

但是，不管怎么说，这是一场为了不忘记曾经与自己相关的国家层面的重大犯罪以及这场犯罪的牺牲者们的运动。在德语中，有“将过去现在化”这一表达方式，意思是“将过去的事情唤回现在，将其作为现在的一部分”。在与政府发生正面冲突、引发社会公开讨论的同时，加深当地居民对于这件事的理解。在日本，我几乎从未看到过这种事。从这个意义上来说，市民对于自己作为政治主体的自觉意识在德国发展得相当深入。

长谷部：在我看来，这个运动之所以能在全国范围内广泛开展，不仅是因为德国政府和国民都做好了思想准备，还因为在德国有接受这一运动的网络。比如，教会、行业团体、工会等与政治世界联系紧密的组织在国家与地区层面都已生根发芽。从这一点来看，不得不说这又是日本社会与德国社会之间存在的传统差异。

但是，当我问日本人是否想要开展这种直面记忆的市民运动时，虽然日本人也觉得麻烦，但也还是会认为有必要再努力一些去面对过去。

石田：是的。

■ 所谓安全保障，就是守护宪法的基本原理

长谷部：本书以紧急状态条款和德国的经验为主题展开了讨论。但还是有人主张“日本提出的紧急状态条款是一种安全保障”。

但是，当说到国家的“保障安全”时，究竟保障的是什么安全呢？实际上，如果刨根问底的话，应该是“守护现在的宪法基本原理”。

石田：一般来说，安全保障所守护的通常是国民的

生命和财产、国家的领土和领海等。

长谷部： 人们大多是这样认为的，但是，我希望读者们能再向前思考一下。如果大家真的认为守护自己的生命比其他任何事情都重要，那么，对强国唯命是从，不是更安全吗?

但是，大家应该不会喜欢以这种方式来守护自己的生命，也并不想要这种隶属于其他国家的生存方式。在我看来，我们应该有不同于此的生存方式。

理想的生存方式应该是什么样子的呢?应该是反映了我们所想的宪法基本原理的生存方式。而且，我们的社会也应该是能让拥有不同价值观的每个人都公平地得到尊重的社会。所谓安全保障，就是保障守护这种宪法原理的国家的安全。

如果是这样的话，破坏宪法基本原理的安全保障就会本末倒置。

如果不守护宪法的基本理念，能做到守护国家吗?

虽然我不清楚具体会在什么时候，但是，也许有一天，我们会在现实中被问到“要将紧急状态条款写入宪法吗”这个问题。在那时，我希望读者们一定要想清楚真正应该守护的东西是什么。

石田： 在这里，我回想起很久以前的事，那就是“后现代主义”这个词出现在日本言论界的时候。在那时，有人认为“现代已经结束了”。

我听到这一说法时的感受和我听到如今由自民党主导的改宪讨论之后的感受有着共通之处，即：“直到现在，我们也还没有在真正意义上实现现代化，不是吗?”

在《日本国宪法》的理念中，有许多还没有实现的东西。有些事明明正做到一半，为什么非要舍弃它们呢?“正做到一半”这件事也就意味着我们还有重新认识包含过错在内的日本历史，并对其进行反省的余地，不是吗?

就像长谷部先生您所说的那样，这可能是一条漫长且曲折的道路，但如果我们不亲自对其进行思考，我们所希望维持的这种理所当然的日常生活，也许就会在某一天突然离我们远去。

长谷部：紧急状态条款成为了我们重新认识平时很难有机会对其进行思考的日本历史和宪法的契机。

就像《魏玛宪法》第四十八条的历史所展现的那样，紧急状态条款本身有破坏立宪体制的危险，这自不必说。此外，大肆宣传紧急状态条款的必要性，向世人传达“普通的宪法体制不能应对危机”这一可疑的信念，这件事也令人十分担心。

如果演变成这种局面，国民对于立宪主义本身的信任也会降低吧。

濒临危机时，议会所代表的多种政治势力是否有“为守护宪法的基本原理而团结合作、做出决断”的觉悟？国民又是否有支持宪法的气概？

《魏玛宪法》的历史教给我们的，正是那些在学习克服危机时真正必要的、不可或缺的东西。

结语

学习宪法历史的意义

长谷部恭男

石黑一雄的小说《长日将尽》讲述了这样一个故事。主人公史蒂文斯是贵族府邸的管家。在他的职业生涯即将结束时，他意识到自己耗费整个职业生涯、牺牲一切所服侍的主人虽然十分努力，但其外交手腕只是外行水平，而且还参与了无论是在战略上还是道德上都大错特错的“对纳粹党的绥靖政策”，是个根本不值得服侍的人物。当史蒂文斯意识到这一点的时候，他的人生也已经所剩无几了。

史蒂文斯尽心尽力地服侍爱好外交、性格无聊的主人，并以此度过自己的人生，他有他自己的判断依据。“在一个像我们（英国）这样的国家当中，人民确实有一定的责任去思考国家大事、形成自己的观点。可是以真实的生活现状而言，你又怎么能指望普通的老百姓对五花八门的国家事务都有‘明确的主见’呢……毕竟，寻常百姓的所学和所知都很有限，要求他们每个人对于国家的大是大非都能贡献‘明确的主见’，这肯定是不明智的。”[1]

也许确实如此。所谓国内政治的大问题，就是诸如如何对待宪法这类问题。如果一个国家的百姓每天不得不认真思考本国的宪法，这种国家是不幸的。这种事应该交给一部分专家来思考，百姓只需要思考自己工作上的事。工作结束后，和家人、朋友一起谈论晚餐的菜单或者自己所关心的足球队的比赛结果。这才是民主社会的标准状态吧。

2017 年，在日本，不知为何执政党无论如何都要修改宪法。宪法规定了公民们在中长期应该遵守的社会基本原则，正因为如此，修改宪法这件事才被设下重重门槛。暂且不谈究竟是否有修改宪法的必要，因为有以首相为首的、无论如何都想要修改宪法的政治家们，普通市民也不得不开始认真地对宪法进行思考。这很让人苦恼。

在对宪法进行思考时，不仅需要学习日本的宪法历史，也要学习其他国家的宪法历史。在《大日本帝国宪法》中，有许多内容被认为是日本固有的东西，但其实，甚至连其核心条文——将天皇作为统治权的总揽者（第四条）都是复制粘贴自 19 世纪初德意志诸邦的宪法。各个国家和国民的历史与经验凝结成了现在各国的宪法。当然，《日本国宪法》也不例外。

1　本处译文参考冯涛译《长日将尽》，上海译文出版社 2020 年 6 月出版，第 252 页至第 253 页。

另外，我们特别需要关心的是立宪主义的民主体制是如何土崩瓦解的。在本书中，专门研究德国近现代史的石田勇治先生已经对“魏玛共和国是如何土崩瓦解的”“战后重建的德意志联邦共和国为了不重蹈覆辙而完善了什么机制”等进行了详细说明。

其中，为了不重蹈覆辙而完善的机制（之一）就是紧急状态条款。然而，在战前的德国，紧急状态条款却成为了毁坏体制本身的工具。有人主张，日本的宪法中也应该导入紧急状态条款，但我认为需要慎重考虑这件事。

因为不知道会发生什么，所以为了无论发生什么都能应对，为了在紧要关头什么都能做到，必须要提前做好准备。乍一看这个逻辑似乎很有道理，但实际上却很危险。事实果真如此吗？必须一字一句地遵守宪法所规定的内容吗？如果不遵守会发生什么呢？（比如，如果不按照宪法规定的日期进行总选举，选举就会被判定为无效吗？）要想知道这些，就必须对日本具体的制度和判例进行调查，同时也要了解国外的经验。抽象论是危险的。我们必须学习历史，以史为鉴。

最后，真正发挥作用的是人的良知。

解 说

李雪涛

2013 年 7 月 29 日，时任日本副首相兼财务大臣的自民党成员麻生太郎（1940— ）在围绕日本修宪一事的演讲中提到：“我们也学习一下这种骗局，怎么样？”他在日文的演讲中所使用的是“手口”这两个汉字，直译成汉语应当是“做法、手段、伎俩”的意思，译者将之译作“骗局”更加凸显了当时这位自民党外相对这一历史事件的夸张看法。

麻生在演讲中认为，在德国，希特勒（Adolf Hitler，1889—1945）是利用民主主义在议会中获得了多数席位而上台的。并且，希特勒是通过《魏玛宪法》这一当时欧洲最先进的宪法被选出的。“人们在某一天突然意识到，《魏玛宪法》在不知不觉间已经变成了‘纳粹宪法’。宪法就这样在谁都没有注意到的情况下发生了变化。”接下来，麻生“风趣地”说：“我们也学习一下这种骗局，怎么样？”麻生在这里的逻辑是，自民党也是通过在选举中获得议会多数席位而掌握政权的，所以在这种情况下，如果自民党能推动修宪，使如今的宪法变成有益于国民的宪法，之后再让国民们意识到这件事，不是很好吗？也就是说，当今日本想要修宪的政治家应当向纳粹学习政治手段。

自民党长期以来一直寻求在宪法中设立“紧急状态条款”（自民党《〈日本国宪法〉修改草案》，2012年公布），但与“第9条附加条款”一样，制定紧急状态条款成为了自民党和其他政党宪法改革议程的支柱。人们看到，《草案》中的紧急状态条款不仅包括“大规模自然灾害”，还包括“来自外国的武装袭击”，自民党认为修宪是发生灾害或恐怖袭击时的积极对策。问题是，赋予政府大幅限制人民权利的宪法条款很危险，并且也可能会导致其他的灾难。本书的核心内容是《魏玛宪法》第四十八条：总统在紧急情况下采取紧急措施的权力。基于《魏玛宪法》此条与自民党《〈日本国宪法〉修改草案》（2012年4月27日决定）“紧急状态条款”的相似之处，早稻田大学法学院教授、日本公法学会会长长谷部恭男（1956— ）与东京大学专治德国近现代史的教授石田勇治（1957— ）一起深入探讨了麻生这一说法的危险性。他们认为，希特勒的独裁统治就是从《魏玛宪法》中的类似条款开始的。但遗憾的是，今天许多人并不清楚紧急状态条款究竟是什么，又有着什么样的历史背景。石田指出：“为了敲响警钟、看清自民党企图‘修改宪法’（改变国体）的本质，我们必须知晓‘纳粹骗局’和紧急状态条款。”（第7页，以下在正文中引注此书，仅在括注中注明页码）[1]

一、《纳粹“骗局”》一书之梗概

全书一共分为五章，回顾了德国自魏玛共和国一直到两德

1 长谷部恭男、石田勇治著，毕梦静译《纳粹“骗局”与紧急状态条款》，上海：上海译文出版社，2024年，第3页。

统一的历史，并探讨了安倍首相和自民党急于修宪的真实意图：

第一章的标题是“紧急状态条款是‘纳粹骗局’”：纳粹并未得到绝大多数德国公众的支持，它在执政之前一直属于少数党。两位教授回顾了第一次世界大战的失败，1929 年的经济大萧条造成的政治混乱致使德国国会无法充分发挥其作用，兴登堡（Paul von Hindenburg，1847—1934）总统大量使用总统紧急法令，人民对议会民主感到绝望……拥有自己暴力组织冲锋队的纳粹党，“国会纵火案”也是他们自导自演的。纳粹通过拘捕共产党议员而确立《授权法》，社会舆论接受了希特勒的统治。

第二章探讨的问题是“德国国民为何被纳粹吸引”。战败和大萧条导致失业率高达 30%，这是魏玛共和国遭到抛弃的原因。两位教授为读者解读了纳粹党的《二十五点纲领》（*25-Punkte-Programm*）：纳粹重新定义了“国民”/“民族”，而他们对第一次世界大战后从俄帝国涌入德国的“东方犹太人”所采取的态度，赢得了大部分德国民众的支持。纳粹所强调的德意志民族共同体的意识打破了之前的阶级意识。这一时期的知识分子也为保守革命和纳粹主义架起了桥梁。

两位教授在第三章解释了战后德国制定的《波恩基本法》是如何应对紧急状态的。冷战使紧急状态条款得以复活，但当时的问题是，如何避免权力的脱缰？波恩政府对紧急状态的范围权力进行了限定，它既没有集中到行政机关，也没有集中到个人。

在第四章，两位教授不再将视野局限在德国的历史之中，他们同时讨论了法国紧急状态宣言，并指出了人们对这一宣言的误解。接着他们也提到了规定很少的美国紧急状态条款。所有这些讨论只是为自民党修宪草案提供“案例”而已。他们共同认为，日本的紧急状态条款比德国危险，日本害怕并利用了所谓“安心的保障”。

在最后一章中，两位教授主要谈了德国对待自己历史的做法。提到 20 世纪 50 年代有关奥斯威辛集中营的犹太大屠杀（Holocaust）的事在西德根本无人问津，当时的反犹主义也即将复苏。1961 年的艾希曼审判让人们知道了那些不为人知的纳粹分子，在西德的年轻议员们大声疾呼反对纳粹的追诉时效。政治人物如勃兰特（Willy Brandt，1913—1992）总理、魏茨泽克（Richard von Weizsäcker，1920—2015）总统，哲学家雅斯贝尔斯（Karl Japsers，1883—1969）[1]、哈贝马斯（Jürgen Habermas，1929— ）等都从政治和思想上引导人民“克服过去”。

这本书解释了《魏玛宪法》中的紧急事态条款如何导致了纳粹的独裁统治，并批评了自民党提出的修宪的建议。两位教授通过魏玛共和国时期的“运作”，解释了作为小党派之一的纳粹是如何扩大权力以建立独裁统治的，并提到了日本正在讨论的紧急状况条款与纳粹的运作方式的相似之处和危险性。从两位教授的谈话中能感受到一种冷静和仔细的分析视角。在这一意义上，这本书也是一本德国政治史的专书。有意思的是，尽管这部书的内容复杂，但两位教授采用了对话的方式，从而使得这样艰深的内容变得浅显易懂了许多。尽管如此，由于这部书的内容涉及德国和日本的历史，同时也对其中的相似之处进

1　正文中译为“雅斯贝斯”，本解说文中依照作者译法。

行了比较，因此这样的一部书并不容易理解。此外，由于在谈话中涉及到法律的专门知识，这也需要读者做一些前期的准备工作。

这样的一个主题由宪法学者和现代德国历史学家来谈论，我认为是一个非常好的组合。作为德国史研究者的石田，“有幸与宪法学的权威长谷部恭男先生对谈，也因此获得了从德国宪政史的视角探讨当今日本的各种问题的机会”。（第 7 页）

二、魏玛宪法及第四十八条危急时刻的紧急措施权

1919 年开始颁布施行的《魏玛宪法》（正式名称为《德意志国宪法》[*Die Verfassung des Deutschen Reichs*]，通常称作《魏玛宪法》[*Weimarer Verfassung*]）确立了代议制民主主义和议院内阁制。这一宪法赋予了总统很大的权限：对外代表德国的总统除了任期长达七年之外，有权任免总理和内阁、解散联邦议会。在《魏玛宪法》中，总统被赋予了以下三种权限，即总理和内阁部长的任免权（第五十三条）、国会的解散权（第二十五条）、危急时刻的紧急措施权（第四十八条）。其中第四十八条的第二项规定，共和国总统可以为恢复公共安全及秩序而采取必要措施。具体来讲，总统在必要时可以使用兵力介入等极端方式维持国家秩序。此外，总统可以临时停止人身自由、住宅不受侵犯、通信秘密、言论自由、集会自由、结社自由、所有权的保护中所规定的基本权利的全部或一部分。（第 21 页）

（一）《魏玛宪法》第四十八条

石田教授指出了纳粹独裁统治的手法：利用《魏玛宪法》第四十八条（危急时刻的紧急措施权）剥夺议会职能，该条款

起到了三项作用：其一，议会在无法行使职能的情况下，完全成为了一个空架子，即所谓的“形骸化”；其二，兴登堡总统于1933年提名希特勒为领导人，正是巧妙地利用了《紧急状态法》，才使其具有法律效力。因为此前希特勒并没有赢得议会多数票，也没有被提名为国家元首，因此这在一般的法律上是完全不可行的；其三，1933 年 2 月 28 日希特勒通过自导自演的国会纵火案（Der Reichstagsbrand）而终于宣布进入国家紧急状态。也就是说，希特勒在被提名为总理后的短短 18 个月内，通过冲锋队的暴力镇压统治、向国会提出授权法——他取消了魏玛宪法对政府权力所规定的一切限制，从而结束了德国的议会民主。

1931 年 1 月 30 日希特勒上台。问题是，当时的总统兴登堡为什么会选择希特勒作为总理呢？石田对这一问题做了解释：因为希特勒和纳粹党有能力完成保守派领袖们想要尽早实现的三个目标：

其一是给《魏玛宪法》所规定的议会制民主主义画上句号。纳粹党本质上是反议会政党，兴登堡身边的保守派人士们也感受到了议会制民主主义的局限，因此，他们把未来寄托在建设权威主义国家这件事上。

其二是粉碎共产党的势力。财界人士们感受到了马克思主义的巨大威胁，给兴登堡寄去了请求任命希特勒为总理的请愿书。

其三是着手重整军备，重新恢复强大的德国，即打破压在战败国德国身上的《凡尔赛条约》和凡尔赛体系。（第 44 页）

当时的保守政治家们的如意算盘是：让势力有所衰退的希特勒掌握政权，等希特勒没有了利用价值之后，再把他丢掉。

此时的希特勒作为纯粹的反犹太主义者、种族主义者、否定民主主义和立宪主义的煽动家，已经被世人所知晓。保守派在极短的时间内，将激进的领导者迎入政权，想以此让政治体制按照他们所设计的那样发生变革。

1918 年 11 月，德国在废墟、战败和接近内战的情况下建立了议会共和制，国民议会在魏玛召开，制定了《魏玛宪法》。共和国拥有先进的政治制度，其中包括先进的福利体制等。但严酷的《凡尔赛条约》和不稳定的经济状况都阻碍了共和国的发展，使它不断地遭到左翼和右翼的攻击，因为大多数的德国人都反对民主政体。1932 年 7 月 31 日举行的国会选举成为了决定命运的选举。纳粹党的得票率倍增，获得了 37.3% 的选票，一跃成为第一大党。共产党的得票率也上升到了 14.3% 。这次选举的结果极具冲击性，纳粹党和共产党的议席数加起来超过了半数。议会制民主制度遭到了包括纳粹党和共产党的左右两极的分别攻击。“总而言之，可以将这两党称为在本质上是反议会、反体制的政党。在这两党所占据的议席数超过半数之后，国会就越来越无法发挥作用了。”（第 32 页）

十四年后，共和国便走到了尽头。这部被认为是史上最民主的宪法，却从中诞生了希特勒这样的独裁者，并开启了人类历史上最糟糕、最黑暗的政权之一。从长远的视角来看，不管对德国历史进行怎样的解读，都只能在魏玛共和国时期寻找导致希特勒掌权的起因。

（二）《授权法》

关于纳粹政权的本质，希特勒在《我的奋斗》（*Mein Kampf*，1925）中并没有明确阐述。然而，他清楚地表示，在第三帝国将不存在民主的胡言乱语，而只有“元首原则”（Führerprinzip），即独裁统治。[1]

《授权法》（*Ermächtigungsgesetz*）的正式名称是《解除人民与帝国苦难法》（*Gesetz zur Behebung der Not von Volk und Reich*），这项修改宪法的法律，必须在三分之二以上的议员出席，并且出席的议员三分之二以上赞成该法案的前提下才能获得通过，而这在通常情况下是不可能实现的。纳粹对《授权法》的通过觊觎已久。早在魏玛共和国晚期举行的 1932 年 11 月 6 日国会选举（投票率 80.6%）中，纳粹党在选举结果 584 席中，以 196 席一跃而成为了第一大党，但它所获得的议席数仅占总议席数的 33.1%。虽然希特勒政权是作为纳粹党以及保守派的国家人民党的联合政权而建立起来的，但在当时却是仅占国会议席数不足四成的“少数派政权”，远远没能达到三分之二的多数；社民党是议会中第二大党，占有 121 席；占有 100 席的共产党是第三大党。而不论是社民党还是共产党都坚决反对通过《授权法》，但希特勒说服兴登堡解散国会于翌年重新选举。1933 年 2 月的国会纵火案给了纳粹以机会，作为议长的戈林（Hermann Göring，1893—1946）于 3 月 1 日宣布共产党意图暴动，为非法组织，并于同年 3 月 5 日进行国会重新选举。纳粹党利用国会纵火案大肆逮捕共产党人士，并恐吓社民党议员。国会纵火案除了想要压制左翼之外，还有另一个意图，那就是毫不掩饰地介入地方政治。在希特勒成为总理时，地方上并非

---

1 Cf. William L. Shirer, *Aufstieg und Fall des Dritten Reiches*. Köln/Berlin: Verlag Kiepenheuer & Witsch, 1963, S.82.

清一色的纳粹党，还存在着许多反对纳粹的政权。而“国会纵火法令”的第二项：“当各州无法为恢复公共安宁和秩序而采取必要措施时，共和国政府可以暂时行使州政府的权力。”这表明如果希特勒政府在不满意某个州的应对措施时，就可以介入该州，代替该州行使权力。（第 48 页）而国会纵火案之后的德国政治体制其实已经不能称之为法律秩序了，它只不过是纯粹地进行斗争的自然状态。（第 54 页）

但最终在选举结果 647 席中，纳粹党赢得了 288 席，社会民主党取得 120 席，共产党虽然被列非法，但仍取得 81 席。纳粹党的席位加上中央党的 73 席位虽过半数，然而依然没有能达到三分之二的修宪席数。

事实上，即便到了魏玛共和国的后期，绝大多数德国人也没有选择纳粹，纳粹最终的得逞，在很大程度上是由于当时复杂的历史背景和政党利益造成的——由于意识形态的激烈对抗，议会不再发挥作用，最终是通过《授权法》实现的。

1933 年 3 月 23 日，希特勒再次向国会提出通过《授权法》。当时 81 名共产党议员由于全数缺席而未列入法定人数，将总议席数减为 566 个。虽然社民党也不合作，26 位缺席、出席 94 名均投反对票，但显然势单力薄。参议会由各州政府派代表组成，他们已经完全倒向了纳粹，最终修宪案获得一致通过。这样，纳粹政权便完成了三分之二国会议员通过的合法修宪程序，容许希特勒及其内阁可以不需要议会而通过任何法案，从而给予他充分的行动自由，为其建立独裁政权铺平了道路。根据《授权法》的规定，政府可以不经国会同意而制定国家法律；政府拥有制定与宪法不符的法律之权力；政府有不经任何立法机关的同意而与外国签订协议之权力，等等——这些要求从议会的角度来看是毫无根据的。《授权法》于次日生效后，《魏玛宪法》实际上被废止了，在四年之内政府无须国会的同意就有权颁布法律。自 1930 年大联合政府破裂后，德国议会自行解散，自愿放弃“职能和地方权力”必然会加速不受监督的元首独裁政权的发展。[1] 因为宪法制定权不受法律和制度的约束，所以人们必须在没有法律的状态下进行斗争，以获得能够拥有宪法制定权这一权力的地位。在宪法确立之前的自然状态下，如果要与自己的对手进行竞争，最终往往会演变成暴力战争。（第39页）《授权法》在希特勒时代的 1937 年、1939 年以及 1943 年又分别予以延长，1945 年 9 月 20 日，在德国投降四个多月后，盟国管制理事会（ Allied Control Council ）所通过的第 1 号法规即废止《授权法》等纳粹法律。

希特勒本人觉得《授权法》使用起来得心应手，他的目的是以合乎宪法规定的可能性来破坏宪法本身。1934 年在兴登堡总统去世后，时任内政部长的弗利克（ Wilhelm Frick，1876—1946 ）提出应出台新宪法取代《授权法》的构想，但希特勒却宁愿使用《魏玛宪法》第四十八条“紧急措施权”来行使其权力，故予以回绝。[2]

---

1 Cf.*Gebhardt Handbuch der deutschen Geschichte* Bd.20. Karl Dietrich Erdmann：*Deutschland unter der Herrschaft des Nationalsozialismus 1933–1939*. München：Deutscher Taschenbuch Verlag GmbH & Co. KG，1981，S.84.

2 Helmut Konrad，Wolfgang Maderthane，*Routes Into the Abyss*：*Coping with Crises in the 1930s*. Berghahn Books，2013，p.82.

石田教授认为，希特勒在成为总理之后，拥有三个工具：一是总统紧急令，二是冲锋队和党卫队，三是大众宣传组织。（第 45 页）他指出，在这一时期，冲锋队（ Sturmabteilung ，SA ）约有 50 万人，党卫队（ Schutzstaffel ，SS ）约有 5 万人，都成为了具有一定实力的组织。希特勒巧妙地将这些纳粹党的下级组织变为自己政治权力的一部分。冲锋队和党卫队的主要负责人是戈林——希特勒政府的不管部长，与此同时，他还作为普鲁士州政府的内政部长，全权处理与警察相关的事务。由于警察需要看管大量“政治犯”，经常人手不足。于是，戈林又新招了许多冲锋队和党卫队的队员——所谓的“辅助警察”。（第 46 页）石田指出，从魏玛民主制过渡到纳粹独裁，绝不可能是在安静地、“大家都认可”的状态下进行的。《授权法》“这一臭名昭著的法律，它就是纳粹采取言论限制和国家恐怖主义等措施强行使之确立的”。（第 7 页）

如果从时间顺序来看的话，《魏玛宪法》变成“纳粹宪法”实际上只用了一年半的时间：① 1933 年 1 月 30 日希特勒就任总理；② 1933 年 3 月 23 日国会通过《授权法》；③ 1933 年 7 月 14 日禁止纳粹党以外的所有政党，根据同年 12 月 1 日颁布的《保卫党和国家法》，纳粹党被宣布为“同国家不可分割地连在一起”，[1] 成为德国唯一的政治意志代表；④ 1934 年 8 月 2 日帝国总统兴登堡去世。以上所有的事件都发生在仅仅一年半的时间里。（第 65 页）其实早在 1933 年底，《魏玛宪法》所规定

1　1933 年 12 月 1 日《保卫党和国家法》（ *Gesetz zur Sicherung von Partei und Staat* vom1. Dezember 1933 ），in：*Reichsgesetzblatt* , Jahrgang 1933 , Teil I ，1016。

的民主政体就已经让位于一党制国家，曾以为能约束住希特勒的内阁对此无能为力。兴登堡去世后，希特勒将总统和总理的职务合而为一，让军队和法官乃至政府官员都向他个人宣誓效忠。此后他还建立了直属于他本人的国防军总司令部来领导国防军三军总司令和总参谋部，亲自执掌了国防军的指挥权。

作为纳粹德国历史研究的专家，石田教授解释了对希特勒上台的两种错误认识：第一，希特勒完全是顺应民意所诞生的独裁者。其实希特勒之所以能在选举中获胜以及纳粹党在议会中获得了多数席位这一事实，是议会程序被扭曲，特别是纳粹不让反对派的议员正常出席投票等认为造成的结果。在宪法完备的情况下，这种事情是有可能发生的。第二，纳粹是在遵循法律程序并在民众支持下上的台。这是一种受到纳粹宣传影响的错误看法，它掩盖了纳粹利用国家恐怖来扼杀言论自由的事实。希特勒将自己的政府称为“全体国民选出的内阁”，其目的是想让自己的政权基础看起来比实际更加庞大。他向党内外宣扬“新时代的开始”、“夺取权力”、“掌握政权”等词也是在这一时期内惯用的“纳粹用语”。（第 14 页）一般认为，在希特勒内阁中担任内政部长的弗利克最先使用了“合法革命”这一表达方式，而希特勒是“合法地”坐上了独裁者的位置，这一“常识”也是被纳粹的宣传舆论建构出来的。因此，不论是“获得了大多数民众的支持”还是“是合法的”，全都是纳粹政权自己说出来的。（第 51 页）石田提醒每一位读者：“我希望读者们能意识到，你们对于希特勒和纳粹时期的德国所持有的印象很可能是当时的政权想灌输给你们的印象，真相很可能与实际情况相差甚远。我希望大家阅读本书时能意识到这一点。”（第14页）

德国正是由于允许总统规定紧急状态条款而导致滥用，在不知不觉中，从“委任独裁”变成了名副其实的“主权独裁”国家。

但事实是，希特勒确实做到了除了民族人民党之外，将中央党和资产阶级中间派都争取过来了。也就是说，纳粹党确实是因其群众基础而发展壮大起来的。但是，希特勒却并不是因为在选举中获胜以及纳粹党在议会中获得了多数席位而成为了总理。（第 13 页）《魏玛宪法》中的“总统紧急措施权”以“国家安全”为借口剥夺了公民的基本自由，成为了希特勒夺取全部权力的手段，甚至凌驾于宪法之上，真正成为了一部“纳粹宪法”。

（三）纳粹主义之所以吸引民众的原因

两位作者随后讨论了德国历史上非常重要的一个题目，亦即纳粹党在《魏玛宪法》之下发展起来的背景是什么？人们被纳粹运动所吸引的主要原因又是什么？（第 72 页）

1929 年 10 月华尔街股灾，其后迅速形成了世界经济的大萧条（Great Depression）。大萧条给发达国家和发展中国家都带来了毁灭性的打击，国际贸易锐减 50%，美国失业率飙升到 25%，有些国家甚至达到 33%。德国此时正值魏玛共和国后期，受到了大萧条的沉重打击，其中美国对德国的援助贷款因经济衰退而停止供给。布吕宁（Heinrich Brüning，1885—1970）以长期经济观点所施行的紧缩政策致使短期内失业率飙升，极端主义抬头。1932 年，德国失业率逼近了 30%，纳粹党和共产党在当年 7 月的选举中首次共同占据了国会的多数席位。在 1932 年的洛桑会议上，德国的战争赔款一案被搁置，尽管此时德国才支付了赔款金额的 1/8。

石田指出，由于大萧条的影响，美国资本从德国撤出；再加上 1931 年发源于奥地利的金融危机又给德国以沉重一击，结果导致大萧条在德国造成的影响远比欧美其他国家更严重。1932 年，在德国，仅登记在册的失业者人数就达到了 557 万人，实际失业人数超过 600 万。时任总理的布吕宁却沿用一直以来的“财政均衡论”，认为税收和支出必须保持一致，并且认定经济的低迷对赔偿支付问题是有利的。在政府所采取的增税和通货紧缩政策之下，国民的负担越来越重。长谷部认为，正是在这一背景下，兴登堡为了使没能获得议会支持的财政重建法案得以通过，发布了总统紧急令。这一举动催生出了“总统内阁”（Präsidialkabinett），进而为希特勒的独裁开辟了道路。（第 73 页）

正是在这样的一个社会背景下，两种极端的思想涌现出来，并且宣称要打破现状。其一是共产主义势力。在这一时期，他们在苏联共产党和共产国际的影响下，认为魏玛共和国是背叛劳动者阶级的社会民主党和资本家联手打造出来的资产阶级国家。他们宣称“资本主义现在正濒临危机。世界革命即将到来”，并要进行阶级斗争；其二是纳粹主义。和共产主义势力相同的是，纳粹党的成员也大多是出生于 20 世纪前十年（1900—1909 年间）的年轻人，比如后来成为党卫军首领的希姆莱（Heinrich Himmler，1900—1945）就出生于 1900 年；希姆莱的下属、国家安全总局局长、与希姆莱共同主导了犹太人大屠杀的海德里希（Reinhard Heydrich，1904—1942）出生于 1904 年。这一代人面对战败后的落差，他们的心中有种无从发泄的愤慨：“是谁把德国变成现在这样的？”对于他们来说，《魏玛宪法》与《凡尔赛条约》一样，都是战胜国强加给

德国的东西，都只不过是犹太人和马克思主义者的劣作，他们对此不抱有任何留恋。（第 74 页）

而《魏玛宪法》对于劳动者来讲，是有很多保护措施的，如在劳动者的权利得到了保障的前提下，劳资双方共同决定的、同样也通用于当今日本的八小时工作制得到了实现。此外，《魏玛宪法》也使德国领先世界实现了失业保险制度，保险金是劳资双方平摊。（第 75 页）遗憾的是，由于严重的党派对立，这些理念和目标大多都化为了泡影。

有意思的是，石田在书中还专门讨论了 Nationalsozialismus 与 Nationalsozialistische Deutsche Arbeiterpartei 的翻译，他认为将这两个专用名词译作“国家社会主义”和“国家社会主义德国工人党”并没有正确地表达出其原本的含义。在德文中，national 更多的是民族主义的含义，纳粹主义的思想并非以国家为先，而是以民族为先。而作为 Nationalist（民族主义者）简称 Nazi，在日文中音译为片假名“ナチス”（应为 Nazis 的音译），而在汉语中在 20 世纪 30 年代纳粹崛起时被译作“纳粹”——吸纳民族精粹之士，可以看出当时中国社会对于这一词的倾向。[1] 尽管纳粹党在正式的名称中标榜自身是“德国工人党”，但它并不是工人阶级的政党，与宣扬阶级斗争和革命的马克

1 1936 年，国民党复兴社（又称蓝衣社，军统前身）的重要人物酆悌（1903—1938）出任驻德武官，很快又被晋升为陆军少将。酆悌本人非常崇拜纳粹，下令复兴社属下的翻译社大量翻译出版介绍纳粹德国的书籍。酆悌觉得当时有关 Nazi 一词的汉语翻译不好，他将之定为“纳粹”。1941 年，国立编译馆编订《社会学名词》（重庆：正中书局，1941 年，第 16 页）将 Nazism 的翻译定为“纳粹主义”，“纳粹”从此便成为了官方译名。

思主义毫无关系。石田认为："纳粹党企图阻止受到俄国革命影响的工人阶级投身国际革命运动，并企图剥夺他们的阶级意识，取而代之将国民意识、民族意识强行灌输给他们。"而长谷部也认为："纳粹党原本就是反共产主义的激进右翼政党。这一特征也是纳粹党成功接近以兴登堡为首的保守势力的踏板。"（第 77 页）

除此之外，两位作者还解读了纳粹党于 1920 年所提出的《二十五点纲领》。在解读纲领的第一条"我们要求基于民族自决权，所有德意志人联合为大德意志帝国"时，石田提到了当时的时代背景：在欧洲，从第一次世界大战到战后不久，沙俄帝国、哈布斯堡帝国和德意志帝国这三个庞大的帝国轰然倒塌。之后不久，奥斯曼帝国也灭亡了。与此同时，从中欧到中东，诞生了许多"民族国家"。另一方面，在经历第一次世界大战这一总体战的过程中，大众开始参与政治。因此，民族自决的气势逐渐高涨。（第 82—83 页）

党纲的第四条"只有德意志同胞才能取得德意志公民的资格。无论信仰如何，只有拥有德意志血统者，才是德意志同胞。因此，犹太人不能成为德意志公民。"石田解释说：一般来说，犹太人的定义是"犹太教徒，或其母亲是犹太教徒的人"。但是，纳粹党将犹太人看作是人种的分类之一。因为"犹太人种"与德意志人的"雅利安人种"不合，所以，犹太人不能成为同胞，即民族同胞或国民。相反，只要继承了德意志人的血统，"无论信仰如何"都是德意志同胞。（第 84 页）其实这里面隐藏着一种从宗教反犹到种族反犹的转变。如果说宗教反犹主义是残暴和野蛮的，它曾煽动对犹太人进行屠杀和实行火刑，但由于它侧重宗教信仰，所以真心改宗的犹太人还可以幸免；但种族反犹主义将整体犹太人作为另类加以排斥，认为犹太人是彻头彻尾的孽种，这个邪恶人种携带的病毒会毒化民族精髓。因此，种族反犹主义就成为了防止德意志民族精神解体和变质的一种疯狂手段。

第一次世界大战后，德国社会内部分裂严重。人类经受了前所未有的灾难，加之历史和经济的背景，使得种族反犹主义不仅停留在观念层面，还为其创造了成为现实的温床。在各种场合，国民之间的对立与敌对都十分明显。为了解决这一问题，纳粹党想通过赞颂属于同一人种的“民族同胞”和“民族共同体”（Volksgemeinschaft）来重新定义国民。希特勒给这个词赋予了“种族主义”的含义。也就是说，可以归属于民族共同体的只有雅利安人种，除此之外的非雅利安人种，尤其是犹太人，就是雅利安人种的“敌人”。希特勒主张，充其量只能将犹太人当作“外国人”来对待，在紧要关头更是必须将犹太人驱逐出境。（第 49 页）其实在纳粹德国，那些没有被排除在新的“民族共同体”之外的人，即那些没有政治倾向的金发碧眼的雅利安人，对政治也没有强烈的厌恶，因为在和平时期，他们的生活相当舒适。

犹太人的问题，其实并非德国的问题。两位作者提到，19 世纪之后，在法国大革命的影响下，犹太人逐渐在德国的一些地方获得了公民权。并且在 1871 年俾斯麦（Otto von Bismarck，1815—1898）统一德国（建立德意志帝国）时，德国的犹太人最终实现了法律平等。尽管在当时，德国社会上反犹主义盛嚣，甚至还出现了将犹太人视为劣等人种的反闪米特主义（anti-semitism），即便如此，犹太人的社会地位仍然有所提升。但第一次世界大战带来了转折，一战后从旧沙俄帝国逃亡出来的犹太人大量涌入德国。他们被称为“东方犹太人”（Ostjuden）。这些不会说德语的“新移民”与拥有公民权的、定居德国的犹太人不同，他们还保留着其独特的生活文化，比如穿土耳其长袍等。纳粹党纲领的第八条中提到的“1914 年 8 月 2 日以后迁入德国的所有非德意志人”就是指这些所谓的“东方犹太人”。（第86页）

一战之后，对于犹太人最为不利的谣言是所谓的“背后一刀”的传说（Dolchstoβlegende）。在魏玛共和国初期的国会中，曾任德国陆军元帅、1916 年任总参谋长的兴登堡在向负责查明战败原因的委员会提供证词时，编造了德意志帝国军队的“不败神话”。他说，军队并没有在战争中失败，战败的原因是因为国内的反战运动和革命派。正是由于犹太人、社会主义者等帝国内部敌人，在国内煽动革命和舆论，才使政府不得不向敌国投降。

此外，民族共同体的观念打破了阶级的区分，“民族同胞”通过平等主义和实力主义创造出充满活力的社会，使此前因阶级、身份、家世、籍贯、宗派等的不同而难以凝聚在一起的德国社会，通过彼此联系、奉献、自我牺牲，形成一个民族共同体。希特勒也在演讲中反复提到：“如果德国能成为一个整体，你也会变得更加强大。”（第 91—92 页）因此，跟其他代表某一宗教或阶级立场的政党比较起来，纳粹党在当时所代表的是极为广泛的大众运动，它可以说是一个超越了派系斗争和阶级矛盾的“人民政党”。具有个人魅力并且善于演讲的希特勒许诺纳粹党有能力将撕裂的社会分歧再度弥合起来。他许诺给德国人民带来一个全新的民族社会，让德意志重现往日的辉煌，撕毁强加给德国人民的《凡尔赛条约》，惩罚十一月罪犯，让犹太病毒永远消失，不再污染雅利安种族，宣布那些暗中颠覆德国的布尔什维克主义和罪犯为非法……尽管纳粹主义并没有什么创造性，只不过是将一些思想拼凑在一起，包括民族主义和反犹主义、反现代、反资本主义和反社会主义，但在形式上，纳粹巧妙地运用了大众传媒和政治仪式，形成了一个强大的新异教。[1]

因此，石田问道：在现实的政治世界中，除纳粹党之外，还有哪股势力拥有可以打破现状的力量？虽然没有教养的希特勒不值得被信任，但是，打倒共和国、冲破凡尔赛体系、开辟新时代等目标是很多党派共同的目标。（第 97 页）

也正因为此，纳粹主义所吸引的绝非仅仅一些没有头脑的人士，成为纳粹党员、跨过横亘在保守革命与纳粹主义之间鸿沟还包括哲学家海德格尔（Martin Heidegger，1889—1976）和公法学家施米特（Carl Schmitt，1888—1985）等一些著名的知识分子。（第 97 页）

（四）其后的发展

《授权法》获得通过之后，被称为“纳粹法”的新法律接踵而来。国会在此时已经失去了其存在的意义，因为政府完全可以按照自己的意愿将政策法制化。

石田指出，基于《授权法》，纳粹的意识形态被政策化。1933 年 4 月 7 日——距《授权法》颁布仅两周的时间——纳粹政府就颁布了《重建公务员队伍法》（*Gesetz*

1 Cf. Mary Fulbrook, *A Concise History of Germany*. Second Edition. New York, Cambridge: Cambridge University Press, 1991, p.178.

zur Wiederherstellung des Berufsbeamtentums，简称：*Berufsbeamtengesetz*)，这是一部打着“重建”的旗号，将犹太人和民主主义者从公务员职位上赶走的法律，构成了德国最早的反犹太主义和种族主义立法之一。1933 年 7 月 14 日，纳粹政府又颁布了《遗传病子孙预防法》(*Gesetz zur Verhütung erbkranken Nachwuchses*，简称：*Erbgesundbheitsgesetz* 或 GzVeN)：对于患有八种“特定遗传病”和酒精中毒的患者，可以不顾其本人的意愿，以医院院长的判断为依据，通过手术剥夺其拥有孩子的权利。这部法律也被称为“强制断种法”，它为之后的“纳粹优生社会”以及大屠杀拉开了序幕。(第 63—64 页)《遗传病子孙预防法》在纳粹德国为所谓的种族卫生服务，通过对所谓的“遗传疾病患者”和酗酒者进行“绝育”来实现种族卫生。绝育程序由所谓的遗传健康法院的鉴定证明合法化。绝育是在申请后进行的，由隶属于地方法院的遗传健康法院裁决，而所谓的“申请人”大多数为公务员或“医院、诊所或疗养院或监狱囚犯”机构的负责人。这使优生学强制绝育合法化。1988 年，联邦议院宣布认定根据《遗传病子孙预防法》实施的强制绝育为非法。[1]

三、同时代的解释

同时代的解释和研究的好处在于，这些人都是作为这一时

---

1 *Bundestagsdrucksache 11/1714*, zitiert nach Adreas Scheulen, Zur Rechtslage und Rechtsentwicklung des Erbgesundheitsgesetzes 1934, in: Margret Hamm (Hrsg.), *Lebensunwert-zerstörte Leben: Zwangssterilisation und „Euthanasie“*, Westarp 2005, S.212-219.

代的经历者，从法律、制度、社会等方面对这个社会进行分析，而不是在德国失败之后，以一种“后见之明”对妖魔化的纳粹德国进行讨伐。正因为如此，我认为两位作者所选取的这些研究著作，比那些在后来通过翻阅史料来撰写的更加宏观的历史书就更有说服力了。1941 年弗兰克尔（Ernst Fraenkel，1898—1975）在美国出版了他的《二重国家》（*The Dual State*），当时纳粹依然在德国猖獗，因此他在这本书的最后写道：“解决这些紧张局势的出路最终取决于我们自己”。[1]

（一）法学家施米特

1929 年 10 月华尔街金融危机对德国造成了严重的后果，因为德国经济一直依赖外国的短期贷款，现在这些贷款迅速撤走了。其实在此之前，旧体制的支持者们就已经计划要逐步废除魏玛共和国的议会民主。1930 年 7 月在大萧条的背景下，当时的布吕宁政府向国会提出了以增加税收和通货紧缩为基调的财政重建法案，但因为多数人的反对而遭到了否决。然而，兴登堡却以总统紧急令的形式公布了这一法案。于是，当时的最大在野党——社民党提出了立即废止这一总统紧急令的动议，国会竟然以微弱优势通过了这一动议。之后，兴登堡总统却因为反对这一决定而解散了议会，随后，他又对先前提出的总统紧急令（财政重建法案）进行了若干修改，并重新公布了这项总统紧急令。

1 Ernst Fraenkel, *The Dual State. A Contribution to the Theory of Dictatorship*. Transl. from the German by E.A. Shils, in collaboration with Edith Lowenstein and Klaus Knorr, New York [u.a.]: Oxford University Press, 1941, p.208.

针对这件事，法学家们的批判声浪日益高涨，他们认为这种做法在宪法上存在疑义，社会舆论也对此进行了激烈的抵制。然而，当时的公法学家施米特却提出，总统紧急令本来就是为应对紧急状态（公共安全及秩序受到威胁等）而采取的措施，因此，可以将其作为法律的替代物而通用。（第 23 页）

施米特是一位令人琢磨不透的人。实际上，直到 1933 年初，他仍然对纳粹持有非常强烈的批判态度。在希特勒被任命为总理时，施米特因为过于心灰意冷，甚至没去大学讲课。结果，在几个月后，他却成为了纳粹党员，称赞《授权法》为“新德国的暂定宪法”，再往后，他竟然会作为纳粹德国的名誉法学家而活跃起来。（第 70—71 页）

魏玛共和国所实施的《魏玛宪法》和议会民主制度，在当时的很多法学家和政治思想家看来，并不能实现“统一国民意见，明确并提升全体国民‘真正利益’”这一目标。选择将“阶级”作为判断标准，从而实现国民意见统一的共产主义，并非全体人民的意愿，更多人选择将“民族”作为标识，实现国民利益一体化的法西斯主义。其实施米特早在魏玛共和国成立之初就开始思考此类的问题，他在《当今议会制的思想史状况》（*Die geistesgeschichtliche Lage des heutigen Parlamentarismus*，1923）一书中就将以上的思考方式极具代表性地展示出来。他认为，以议会为中心的政治已经结束了：“从今以后，是法西斯主义或共产主义的时代。因为它们能够贯彻‘统治者与被统治者的同一性’这一民主主义的理念。”（第 25—26 页）

除此之外，长谷部还举例说明了施米特提出的“委任独裁”与“主权独裁”两种独裁的形态，这出现在施米特 1921 年出版的著作《独裁：从现代主权思想的起源到无产阶级斗争》（*Die Diktatur. Von den Anfängen des modernen Souveränitätsgedankens bis zum proletarischen Klassenkampf*）之中。在这本书中，他提出了“委任独裁”（kommissarische Diktatur）与“主权独裁”（souveräne Diktatur）的概念。“委任独裁”所指的是，当某种具有立宪性质的制度直面危机时，为应对危机，可以暂时将权力集中在某人或某团体手中。度过危机之后，就会恢复为原来那种立宪性质的体制。“委任独裁”的最终目的就是恢复为原来的体制。一般认为，魏玛共和国的总统紧急措施权就是“委任独裁”的一种形式。而“主权独裁”的目的是脱离现有的立宪制度，并制定出新的政治制度，可以说“主权独裁”是将宪法制定权以毫无保留的方式展现了出来。（第 35—36 页）长谷部在列举了法国大革命期间极端残暴的例子后指出，施米特暗示：“《魏玛宪法》的总统紧急措施权很可能会演变成这种手段。”（第 37 页）也就是说，施米特在当时就已经嗅出了纳粹未来统治的血腥味道。

长谷部指出，按照施米特的分类，《魏玛宪法》第四十八条属于为应对危机而制定的“委任独裁”，然而，以其为依据而发出的紧急令却在不知不觉间开始作为宪法制定权而发挥作用，并进一步被偷换成希特勒的“主权独裁”。（第 66 页）

石田认为，没有限制的紧急权最终会和“连宪法都可以破坏”的“主权独裁”成为一丘之貉。（第 42 页）这使得被称为“世界上最民主的宪法”的《魏玛宪法》，仅仅过了十几年，就变成了“开辟独裁道路的宪法”。希特勒认为“我自己才是国民意愿的体现者，我可以任意处置宪法”。（第 68 页）

施米特在 1932 年出版的一本小册子《合法性与正当性》（*Legalität und Legitimität*）中主张，在民主国家，合法性的依据是主权者（人民）。对人民的意愿的遵从保证了宪法和法律的正当性。在法律秩序遇到危机的特殊情况下，由人民投票选出的总统可以行使超过国会的权力。总而言之，施米特主张，在特殊情况下，总统可以采取废除现行法律的措施。这也就是说，如果纳粹代表的是国民的想法，那么彻底除掉反纳粹势力这件事也有其正当性。（第 70 页）尽管在纳粹执政后，施米特成为了纳粹德国的名誉法学家，但他在这部书中仍然对纳粹持有非常强烈的批判态度。他后来又在《合法性与正当性》中写道，展现了官僚制、大学自治、教会、财产制度等德国社会传统的实质性原理才是宪法修改的界限。长谷部教授认为，战后德国明显受到了施米特这一主张的影响，并有所继承。（第 71 页）

（二）政治学家弗兰克尔

石田特别举出了德国政治学者、后来移民到美国的犹太律师弗兰克尔的例子。他解释说，弗兰克尔因为是犹太人而被驱赶，后来去了美国。他早在 1941 年就曾在《二重国家》一书中指出，在“国会纵火法令”颁布之后的德国，显现出了两个国家：其一是“规范国家”（Normenstaat），是对法律及法院判决中的法律秩序进行保护的存在物，是我们现在觉得再寻常不过的那种国家；还有一个是“措施国家”（Maβnahmenstaat），也被称为“大权国家”。它是在纳粹统治不断发展的过程中出现的，指“无论是什么法律都不能阻止的、无限制地行使暴力的统治体系”。总而言之，这是一个想将“国会纵火法令”作为法律依据，采取各种措施超越宪法框架的国家。

希特勒体制下的德国并不是纯粹的“没有法律的国家”，而是“规范国家”和“措施国家”并存的国家，而且后者不断地侵蚀着前者。确实在经济领域中，法律还像往常一样发挥着它的作用。（第55—56页）

除了“规范国家拥有默认管辖权”，例如它只保护“建设性经济力量”，“工人阶级受特权国家统治”等等规范国家的内容和形式，也包括特权国家可对形式限制作完全任意的、服务于政治权宜的解读：“特权国家不受规范国家约束、对其管辖权可做出任意调整。”

魏玛共和国末期，弗兰克尔曾多次以律师身份代表德国社民党主席团。在纳粹党于1933年5月2日占领工会大楼之前，他与另一位犹太人律师弗朗茨·诺伊曼（Franz Neumann，1900—1954）一起在柏林德国金属工人协会大楼内经营一家律师事务所，并担任该协会的法律顾问。作为参加过第一次世界大战的前线老兵，弗兰克尔最初免于反犹太职业禁令，直到1938年，他一直为政权的反对者提供法律咨询。他还为国际社会主义战斗联盟——一个反纳粹主义的抵抗组织——的期刊撰写文章。从1936年到1938年间，他利用报纸报道、杂志文章、法律、法令、法院判决和自己的经历作为研究材料，[1]秘密地对纳粹国家进行了政治科学分析，后来他将纳粹国家称

1 Alexander von Brünneck, Ernst Fraenkels Urdoppelstaat von 1938 und der Doppelstaat von 1941/1974, in: Hubertus Buchstein, Gerhard Göhler (Hrsg.), *Vom Sozialismus zum Pluralismus*, *Beiträge zu Werk und Leben Ernst Fraenkels*, Baden-Baden: Nomos Verlagsgesellschaft, 2000, S.29-42, hier S.42.

为“元二重国家”（Urdoppelstaat）。“在德国，纳粹主义的反对者从未如此深入地分析过国家体制，并将其记录在案。甚至没有人敢从内部揭示这个国家的结构。”[1] 弗兰克尔想通过他的描述警告人们，传统的法律体系在“第三帝国”法律体系中得以部分地保留仅仅是一种假象。1937 年他在《社会主义观察报》（*Sozialistische Warte*）上以笔名发表的文章《第三帝国作为二重国家》（Das Dritte Reich als Doppelstaat）中，已经开始使用“规范国家”和“措施国家”这两个术语了。弗兰克尔“二重国家”的基本理论来自施米特的《合法性与正当性》一书，尤其是关于《魏玛宪法》第四十八条第二款的分析。

根据弗兰克尔的观点，纳粹统治体系由两个领域组成：“规范国家”由已存在的传统和新制定的法律规范来维持，这些规范基本上是基于可预测性，并在这一职能上维持着私人资本主义经济秩序。在这个领域内，法律、法院判决和行政行为仍然有效；私人财产受到保护——但不是犹太人的财产，因为他们处于任何法律规范之外——契约法仍然至关重要。与此相反，“措施国家”不依据权利，而是仅仅基于情境和政治适宜性的考虑。决策将根据“事物的状况”来做出。在这个领域，“规范缺失，措施当道”（fehlen die Normen und herrschen die Maßnahmen）。[2] 弗兰克尔强调，“措施国家”在必要时可以推

1 Simone Ladwig-Winters, *Ernst Fraenkel. Ein politisches Leben*, Frankfurt a.M.: Campus, 2009, S.125.

2 Ernst Fraenkel, *Der Doppelstaat*, 2., durchgesehene Auflage, hrsg. und eingel. von Alexander von Brünneck, Hamburg: Europäische Verlagsanstalt, 2001, S. 55.

翻“规范国家”——纳粹国家对犹太人的迫害是这一现象的一个核心例子。他指出，什么是政治上的正确，以及因此属于“措施国家”的，不是由法院决定的，而是由政治机构决定的。弗兰克尔还认为，二重国家的概念并不是指党和国家之间的表面并行存在。相反，他关注的是可以在“规范国家”和“措施国家”中行动的整个公共机构网络。弗兰克尔在书的最后明确指出：

> 在必要理性与必要的非理性之间，德国资本主义投了后者的票。只要技术合理秩序的必要前提还能继续存在，它就将自己同化于任何必要的非理性。德国资本主义更愿意选择一种非理性的意识形态，这种意识形态既能维持现有的技术合理性，又能同时摧毁所有必要的理性形式。但是，如果这种必要的非理性意识形态对资本主义有益，后者将准备接受这种意识形态的纲领性目的。资本主义和纳粹主义的共生以二重国家的形式存在于制度之中。社会内部的冲突通过国家的二重属性得以表达。二重国家是充满紧张的一个过渡时期的必要政治产物。[1]

《二重国家》尽管在出版后不久就引起了美国公众的密切关注，然而，德文版一直到 1974 年才得以问世，且立即受到德语读者的欢迎和认可。“二重国家”“规范国家”和“措施国家”这三个中心概念得到了广泛接受，并在分析纳粹德国时经常被使用。社会历史学家汉斯－乌尔里希·韦勒（Hans-Ulrich Wehler，1931—2014）甚至将弗兰克尔的二元概念与马克斯·韦伯在其于 1920 年临终前所勾勒的合法统治理想类

---

1 Ernst Fraenkel, *The Dual State. A Contribution to the Theory of Dictatorship*. New York [u. a.]: Oxford University Press, 1941, p.208.

型（Idealtypen legitimer Herrschaft）联系起来。据此，希特勒的统治主要被归因于他的卡里斯玛特质（charismatischen Eigenschaften），这些特质为在既有秩序之外的革命性措施和人事决策提供了正当理由。在这种统治的制度化过程中，它总是面临着固化为官僚形式的风险，由此形成了传统官僚和具有卡里斯玛型合法精英的双重等级制度：在纳粹时期，这就是二重国家。[1]

长谷部最后总结道："最终这些国家的法律秩序会演变成由暴力支撑。不是警察或法院，而是暴力团在支撑着国家的法律秩序。因此，从普通市民的角度来看，这个国家有类似于法律的东西存在着。但如果从政府的角度来看，可以说这种状态已经是霍布斯所提出的自然状态了。"（第 56 页）

四、对纳粹攫取政权的教训汲取与《波恩基本法》

纳粹党在成功夺取政权后，迫使政府通过了 1933 年制定的《授权法》，从而将原魏玛共和国议会转变成只支持希特勒以维持其程序合法性的议会。在授权期间国会根本没有立法权，当然也无须总统来签署，政府可自定法律不受限制。政府将纳粹定为国家唯一合法政党，总统职务于兴登堡去世后与总理合一为元首，希特勒于是开始了他的独裁统治。

第二次世界大战以后，西德政府为了避免重蹈毁坏《魏玛宪法》的覆辙，以"宪章"——制定宪法时的核心理念，"宪

---

1 Cf. Hans-Ulrich Wehler, *Deutsche Gesellschaftsgeschichte*. Bd.4: *Vom Beginn des Ersten Weltkrieges bis zur Gründung der beiden deutschen Staaten 1914—1949*. München: C.H. Beck Verlag, 2003, S.557 f.

律”——依据宪章在特定时空所制定的具体条文，来强调宪法架构的稳定性和修改界限。《波恩基本法》（简称《基本法》）中有宪法规定不得修改之条款。《基本法》规定了宪法法院保护宪政的运作。建构“防御性民主”（Wehrhafte Demokratie）理论，因为民主制度本身含有不可变动的绝对价值，允许为防卫来自民主的敌人而采取各种应对的预防性措施，防止任何人以多数人之名义将极权及专制统治加诸众人之上。

两位作者深入到德国历史之中，对紧急状态条款与纳粹独裁之间的关联，以及德国国民支持纳粹主义的原因进行了剖析，其目的并非仅仅是为了再现历史，他们真正想探讨的问题是，战后德国基于历史教训制定了什么样的宪法，又是如何对待被认为是招致独裁的主要原因的紧急状态条款。（第 101 页）

1949 年颁布的《基本法》第九条允许社会团体被标记为“违宪”（verfassungsfeindlich），并被联邦政府取缔。只有联邦宪法法院（Bundesverfassungsgericht）才可根据《基本法》第二十一条第二款将政党定性为违宪的敌人。这一概念背后的理念是，即使是人民的多数统治也不能允许建立一个极权或专制主义的政权，如 1933 年的《授权法》，从而违反德国《基本法》的原则。

石田认为，所谓国家紧急权原本是指当战争、内乱、恐慌或大规模自然灾害发生时，在平时的统治机构无法应对的紧急状态中，国家权力为维持国家的存续，临时停止立宪的宪法秩序并采取非常措施的权利。所谓立宪的宪法秩序，即基本人权的保障和权力分立。这些所设想的危机解除后就立刻恢复到原来宪法秩序的临时应对措施，相当于施米特所称的“委任独裁”。但是，兴登堡以国会的混乱为由而滥用总统紧急令，使议会制民主变得名存实亡。于是，希特勒总理趁热打铁，破坏了立宪民主。他以国会纵火案为借口，让总统发布实际上无期限的紧急令，然后强行使《授权法》通过，以此掌控了全部权力。在国家恐怖主义横行的国会选举中，纳粹党明明只获得了 43.9% 的选票，希特勒却仿佛是国民意愿的体现者一样，将“委任独裁”的规定作为杠杆，实现了“主权独裁”。（第 102 页）

长谷部指出，战后联邦德国的宪法被称为《波恩基本法》，制定于 1949 年。《基本法》最初并没有将相当于《魏玛宪法》第四十八条的紧急状态条款的内容加入其中。但是 1968 年，通过第十七次《基本法》修改，紧急状态条款又被加入到该法之中。在这将近二十年的时间里，情况在不断发生变化。（第 103 页）石田指出，真正开始公开讨论复活紧急状态条款是在 1958 年，其契机是内政部长施罗德（Gerhard Schröder，1910—1989。与曾于 1998 年和 2002 年两度出任德国总理的社民党政治家施罗德［1944— ］同名）在警察工会的集会中提到了将紧急状态条款加入宪法的可能性。为了避免权力的脱缰，重蹈纳粹独裁的覆辙，《基本法》的修改使权力既没有集中到行政机关也没有集中到个人。《魏玛宪法》是半总统制，也就是说，《魏玛宪法》想在总统和议会的紧张关系之中保持平衡，防止权力的专断。但是，由于总统滥用紧急令，这一平衡也随之被打破了。在《基本法》中，一开始就将紧急状态作为需要议会合议来决定的事项，即使在需要快速做出应对的场合，也不是由总统或总理个人，而是由联合委员会来进行议决。此外，通过在联合委员会和议会全体之间设定紧张关系、明确规定联合委员会所制定的法律的有效期限，来防止联合委员会变成专断的机构。（第 114 页）

此外，紧急状态条款在限制国民的基本权利方面也是经过慎重讨论的。针对这一点，《基本法》中加入了“会在不通知当事人的情况下，对其书信、邮件、电报、电话等通信秘密进行限制”“在防卫状态下，职业、工作地点等的选择自由会受到限制”等内容。除此之外，还有“当公民财产权的一部分被公事征用时，给予公民的补偿会与平时不同”和“被司法剥夺自由，即作为嫌疑人被警察逮捕后，拘留的期限会比平时有所延长”这两个特例，但也就仅此而已。在《基本法》中，并不存在像《魏玛宪法》那样任由当权者停止或限制国民基本权利的规定。（第 114 页）也就是说，德国的紧急状态条款虽然于 1968 年被加入到《基本法》中，但即使是在危急时刻，也不会将权力集中到政府，而是增强联邦议会的权限和参与力度。这是基于德国曾经有过失败教训的缘故。

《基本法》的第一条第一款：人的尊严不可侵犯。尊重及保护人的尊严是所有国家权力机关的义务。第二款：因此，德意志人民承认不可侵犯与不可让渡的人权是一切人类社会以及世界和平与正义的基础。放在《基本法》最重要位置的是关于人的基本权利的条文以及国家尊重和保护人的尊严的职责。它给予公民以广泛的保护，从而使之不受国家违法的侵犯。德国人和外国人同样可以要求尊重人的尊严以及个人的自由。《基本法》列举了传统的自由权包括信仰自由、言论自由（也包括新闻自由）以及保证财产权。此外，还有艺术和科学自由、结社自由、书信邮件及电讯保密、从根本上防止劳动义务制和强迫劳动、住宅不受侵犯以及出于良心的原因拒绝服兵役的权利。

《基本法》在 1968 年第十七次修改中引入抵抗权条款：第

二十条第四款中提到的抵抗权成为了防止紧急状态条款被滥用的制动器之一。如果有人想通过紧急状态条款来停止国民的基本权利、否定民主主义，则国民有对其进行抵抗的权利。这其中也包括拥有国家权力的人对于企图破坏宪法秩序者的抵抗权。在这种情况下，就意味着会行使国家权力来保障宪法。这便是为守护宪法而实行的“防御性民主”。《基本法》的第十八条规定：“凡滥用言论自由，尤其是出版自由（第五条第一款）、讲学自由（第五条第三款）、集会自由（第八条）、结社自由（第九条）、书信、邮件及电子通信秘密（第十条）、所有权（第十四条）或庇护权（第十六条），来攻击自由、民主的基本秩序者，应剥夺其上述基本权利。其权利剥夺及剥夺范围由联邦宪法法院宣告。”也就是说，像纳粹党这种推翻议会制民主主义、破坏现行宪法的政党一开始就不会被允许进行活动。“防御性民主”尽管确实可以有效防止政府权力破坏宪法原理，但另一方面，也有人对此提出批判：“这真的可以说是忠实于民主主义的理念吗？”因为民主主义的理想形态是允许不同的意见存在（包括纳粹主义的主张在内），也就是说即使是自由的敌人，民主主义也会给它自由。但在长谷部看来，德国之所以接受了“防御性民主”，一方面是因为施米特的影响，另一方面是因为德国经历过纳粹时代。他的结论是，一个国家的宪法形态归根到底是由其固有的历史和文化决定的。（第 120 页）

两位作者认为，随着时代的变化，《基本法》中的细致规定可以被反复修改。不过，修改并没有触及宪法的基本原理。而与之相对，在自民党的改宪草案中，有很多部分触及了《日本国宪法》的基本原理。（第 121 页）这才是他们真正担心的问题根本所在。

战后德国在惩治希特勒政权期间犯下的罪行时遇到了很大的困难。问题在于“太多人卷入其中”，包括战争结束时的普通公民。如果所有这些人都被指控犯罪，就没有人能够负责战后重建的工作了。由于大屠杀是史无前例的犯罪行为，法律中没有相关的惩罚规定，因此后来的“反人类罪”等罪名只能在事后追加。不过在法律中本来就有“不能用事后的法律法规来审判人”的原则，因此，战胜国一方的判决背离了这一法律基本原则，是自相矛盾的。

可以说，正是由于纳粹对“紧急状态条款”的滥用，致使后来即使在其灭亡之后，也给德国的未来留下了极其负面的印记。

除了德国的情况外，两位教授还举出了法国和美国所制定的紧急状态法律，也解释了迄今为止历史上发生的事情。两位教授希望自民党乃至所有日本国民能够以史为鉴，避免重蹈覆辙。

五、重建“净化之路”与“克服过去”

石田关心的是，在希特勒的独裁下践踏了犹太人等少数群体的人权、进行了前所未有的大屠杀的德国，在这之后是如何克服失败的过去，变成了像今天这样自由、民主的国家。就此他与长谷部进行了很有意思的对话。（第 174 页及以下）

他们俩从 2005 年在柏林市中心的勃兰登堡门旁边的大屠杀纪念碑谈起，认为：关于“谁的什么记忆应该被传承”这一点，并非不言自明。大屠杀这种令人心惊胆战的事对于受害者和除受害者以外的人来说，是完全不同的。曾经是加害国的德国现在想要将差点被希特勒斩草除根的犹太人难以名状的痛苦记忆加入到自己国家的“公共记忆”中。（第176页）

石田在书中讲到著名犹太人法学家的儿子阿恩特（Adolf Arndt，1904—1974）的一段演讲后，特别提到了哲学家雅斯贝尔斯在德国战败后一年出版的《罪责问题》（*Die Schuldfrage. Von der politischen Haftung Deutschlands*，1946）一书。[1]“可以说，阿恩特的这段演讲是明确意识到了《罪责问题》中的内容。总而言之，人与人之间存在连带关系。因此，无论是谁，都要对这个世界中的违法行为和不公正行为负有一半的责任。尤其是在自己当时在场的情况下，如果没有尽自己所能阻止犯罪，就必须对于罪行负有一半责任。”（第189页）在《罪责问题》的结尾处，雅斯贝尔斯指出：“如果内心的震撼激荡着我们，那么外在的攻击就只是我们头上的浮云。那些攻击可能还会引发痛苦和中伤，但不会伤及我们灵魂的内核。”[2]建立在内心赎罪基础之上的净化之路，雅斯贝尔斯认为，同样是实现政治自由的前提。只有如此，才能坦然面对外来的各种攻击。

在20世纪下半叶德国关于如何对待纳粹主义过去的公开辩论中，尽管“克服过去”（Vergangenheitsbewältigung）成为

1　此书有两个中文版：雅斯贝尔斯著，安尼译《罪责问题——论德国的政治责任》（雅斯贝尔斯著作集），上海：华东师范大学出版社，2022年；雅斯贝斯著，寇亦青译《罪责论》，上海：上海译文出版社，2023年。本书正文中引用为《罪责论》，解说文作者引用为《罪责问题》。——编者

2　Karl Jaspers，*Die Schuldfrage. Von der politischen Haftung Deutschlands.* München：R. Piper GmbH & Co. KG，1965. S. 83.

了一个过时且具有争议性的关键概念，却起到了非常重要的作用。纳粹的过去是引发敏感的集体罪责问题的创伤性事件，因此“克服过去”这一概念具有个人和集体的意义。它提出面对纳粹主义必须克服消极、压抑和沉重的东西，以及情感创伤和负罪感。在德国，这一概念最初指的是对德国国防军（Wehrmacht）的战争罪行、大屠杀以及 20 世纪早期和中期包括第二次世界大战在内的相关事件的愤怒和悔恨。在寻求新的德国人身份的意义上，“克服过去”也用来指去纳粹化的心理过程。在德国，“克服过去”既涉及德国国家（西德承担了第三帝国的法律义务）和德国个人对“希特勒统治下”所发生事件的具体责任，也涉及一个社会的合法性根源问题，这个社会的民主根基在纳粹意识形态面前崩溃了。

从历史上看，“克服过去”通常被视为盟军占领时期和阿登纳的基民盟政府推行非纳粹化运动之后的“下一步”，始于 20 世纪 50 年代末和 60 年代初，这一时期的“重建”（Wiederaufbau）工作变得不那么紧迫了。在取代纳粹主义的体制和权力结构之后，当时基民盟政治家的目标是处理纳粹主义遗留下来的罪责问题。从过去的历史中汲取教训的方式包括：诚实地承认过去历史中的问题，尽可能地弥补所犯下的错误，并试图从过去的历史阴影中走出来。[1]

尽管战后不久哲学家雅斯贝尔斯就出版了《罪责问题》一书，但德国在战后正视历史犯罪方面所取得的真正进展，却主

1　有关“克服过去”在联邦德国的发展，见：李雪涛《雅斯贝尔斯对战争罪责的认识——以〈德国的战争罪责问题〉为中心的研究》，载：《政治思想史》2021 年第 1 期，第 46—75 页，此处见第 65—69 页。

要来自于 1968 年一代人的努力，是由于纳粹战犯追诉时效讨论引发的。20 世纪 60 年代中期由于反对美国侵略越南战争以及本国的保守势力而爆发的大规模学生运动，逐渐发展成为了清算纳粹历史的运动。学生们围绕纳粹起源和“犹太人大屠杀”等具体问题进行讨论，政治家们也跳出行政和立法的框架，直接围绕纳粹主义展开争论，二战的历史被系统地纳入了学校教育，民众对历史的自我反省意识加强了。学生运动促成的左翼自由主义的崛起导致了在史学界和政治界同时发生了“克服过去”的话语权的变更，战后新一代的德国人开始将自己从“集体缄默”所遗留下来的思想感情负担中解放了出来，并且与曾经犯下罪行的父辈保持了距离。石田就此指出，1963 年开始在西德的法兰克福进行的奥斯威辛审判使不了解战争和纳粹独裁的年轻一代对于历史有了更深的认识。在此之前连奥斯威辛都不了解的人们也开始了解自己的先辈、自己父母那一代人做了什么。对于纳粹时代的历史研究正式开始是在 20 世纪 70 年代以后。在此之前，“司法想要弄清过去的事实”这一行为的意义十分重大。在石田看来，这正是德国与日本的不同之处。在关于历史认识的问题上，日本司法的存在感很低。（第 187 页）

有意思的是，2018 年 1 月 16 日长谷部恭男和石田勇治两位教授应早稻田学生协会邀请所举办讲座的题目为《紧急状态条款通往何方？》（「緊急事態条項の先はどこに向かうか？」），这让我想到了 1966 年德国哲学家雅斯贝尔斯的《联邦德国通往何方？》（*Wohin treibt die Bundesrepublik?*），雅斯贝尔斯写道：

联邦共和国的民众生活水平从未如此之高，除了那些鲜为人知的“失落者”。人们在享受着日益缩短的工作时间、消费品增加、旅游和娱乐活动带来的满足感中，感到心满意足。然而，不安的情绪仍然存在。这是安全的生活吗？人们在担忧。思想者忧虑地注视着政治现实。我们会通往何方？我们正在目睹联邦共和国民主制度的演变。一些道路正在被选择，它们的尽头既没有民主，也没有自由公民，也许那些踏上这条路的人并未意识到这一点。这些道路并非不可避免。但只有渴望自由、明白自身责任的人民，才能将迄今为止仅仅是可能性的自由共和制民主变为现实……[1]

这部书一经出版就成为了政治畅销书。雅斯贝尔斯分析的核心是，德意志联邦共和国存在严重的民主缺陷。《基本法》和《选举法》都是建立在对人民的极度不信任基础之上，“党派寡头政治”（Parteienoligarchie）这一概念是雅斯贝尔斯在本书中提出来的，他认为正是这一制度使民主窒息。在这一体系之中，选民几乎没有影响力。不同党派在必要时会团结起来对抗选民。重要决策不仅不是由人民做出的，而且通常甚至没有被公开讨论或真正被意识到。在雅斯贝尔斯看来，新的党派在这种制度下几乎没有机会。选举制度、党派资金等机制确保了老党派的权力。其中也存在着一种间接审查的倾向，一旦知识分子在大众传媒中表达独立思想，他就会受到批评。雅斯贝尔斯理解那些看不到希望而选择移民到国外去的人。

德意志联邦共和国是由西方盟国“自上而下”建立的，这个国家还需要通过人民认识自己作为主权者的过程而建立“自

---

1 Karl Jaspers, *Wohin treibt die Bundesrepublik? Tatsachen-Gefahren-Chancen*. München: R. Piper & Co. Verlag 1966, S.127.

下而上”的真正民主。在这里，雅斯贝尔斯并不是要反对《基本法》，而是要通过《基本法》来实现这一目标，他认为这是一个良好的起点，他高度评价了其基本权利目录。他希望废除5%条款并设立一名言论自由监察员，由人民来促进政治的发展。

雅斯贝尔斯也认为，《紧急状态法》（*Notstandsgesetze*）很可能导致从党派寡头统治向独裁统治的过渡。[1]

在书中，石田当然不可能错过勃兰特。1970年5月8日这位时任西德总理的社民党党员在战争结束25周年纪念活动上的讲话中指出：

> 在二十五年前的今天，许多德国人感受到了作为个体和国民的痛苦。从其他民族的视角来看，则是从被外国侵略、恐怖主义及不安中获得了解放。……一个民族必须做好冷静凝视本民族历史的准备。这是因为无法记起过去发生过什么的人，既无法认识到现在正在发生什么，也无法预测明天将会发生什么。冷静地面对历史，尤其是对于年轻一代来说，至关重要。年轻一代并不曾参与到当时已经结束的事中……但是，在我们继承下来的历史中，谁都不是自由的。（第190—191页）

在半年后的1970年12月，勃兰特在参加完决定实现与波兰关系正常化的《华沙条约》签约仪式之后，在华沙犹太区起义纪念碑前跪了下来。长谷部和石田在书中还专门刊印了那幅引起全球瞩目的“华沙之跪”（Warschauer Kniefall）照片，勃兰特为此在1971年成为诺贝尔和平奖获得者。他在事后接受

---

1 Karl Jaspers, *Wohin treibt die Bundesrepublik? Tatsachen-Gefahren-Chancen*. München: R. Piper & Co. Verlag 1966, S.157–174.

德国《明镜》周刊的采访时说道："曾经的德国，因实施过几百万件犯罪行为而臭名昭著。现在，我想以德意志民族之名进行道歉。如果想要探寻新的开端，不再重复过去的恐怖，这是必须要做的事。"（第191—192页）"华沙之跪"也成为了战后德国与东欧诸国以及以色列关系改善的重要里程碑。对此，勃兰特自己在1989年出版的回忆录中写道："在德国历史的深渊中，在数百万被害者的重压下，我做了人们在语言失灵时会做的事情。"[1] 石田评论说："但是现在，勃兰特的下跪行为作为战后德国直面过去的象征，获得了国内外的高度评价。可以说，在各种力量互相碰撞的现实政治中，这一行为展现出了政治领导者的道德。如今在该地，勃兰特下跪的样子变成了纪念雕像，而这件事也成为了德国与波兰所共同拥有的公共记忆。"（第192页）

六、自民党紧急状态条款的危险性

一旦在宪法中确立了国家紧急状态条款，对于政治家来讲就一直存在着滥用这种权力的诱惑。如果要以德国纳粹上台为极端负面的例子来汲取这方面的教训，两位对谈人提出了这样一个问题：紧急状态条款是否真的是日本宪法所必需的；如果是的话，又如何控制其不被政治家所滥用？以自民党试图在其宪法改革中纳入"紧急状态条款"为契机，长谷部和石田两位专家以德国近现代史为例，讨论了"紧急状态条款"可能带来

---

1 Willy Brandt, Erinnerungen. Frankfurt am Main: Propyläen-Verlag, 1989, S. 214.

的危险——德国过去曾因此允许了希特勒的独裁统治。两位教授认为，当国家在发生灾难或处于战争边缘之时，法律赋权国家领导人采取法外措施——有权以任何方式解释和执行这些措施！希特勒曾以此来清洗反对他的人，推行否定民主的独裁统治。日本现在也存在同样的危险。两位教授认为，即便是在今天的和平时期，限制暴力失控的制动器依然不能拆除。

长谷部教授认为，自民党的宪法修正案存在着模糊的启动条件，没有约束力，并且启动后的效果——内阁可以单独制定、修改法律——又过于强大。当有严重事态发生时，一旦首相认定这是所谓的“紧急状态”，内阁就可以不经过国会的审议，发布与法律具有同等效力的政令、增加或减少财政支出、让地方自治体服从命令。并且国民也必须遵从这一指示。长谷部先生认为，宪法上的规定是“必须最大限度尊重基本人权”。但这句话也暗含了“根据情况，基本人权会受到限制”之意。因为还有一条规定是“公民必须遵从国家以及其他公共机构的指示”。（第10 页）尽管在 2011 年东日本大地震之后的第二年，日本颁布了紧急状态条款，规定了当国家有大灾难发生时能够让国家领导人发挥领导力的机制。但长谷部认为，“将给予首相和内阁广泛权限的紧急状态条款写入宪法”和“在紧急情况下颁布类似《灾难对策基本法》这种制定具体应对措施的法律”，其意义是完全不同的。（第 11 页）

两位作者摘取了《自民党〈日本国宪法〉修改草案》（2012年 4 月 27 日确定）第九章“紧急状态（紧急状态的宣言）”之第九十八条，并指出：在该草案中，首先，是由内阁总理大臣自己决定是否是紧急状态，之后，向内阁会议提交，发布宣言。

可以说类似于《魏玛宪法》或《法兰西第五共和国宪法》。因为它们都规定可以由其行政机关的长官自行决定。两位作者认为这类似于施米特所认为的“不存在设定这种限制的法律”，并论述了总统存在“主权独裁”的可能性。（第141页）

除了《波恩基本法》外，长谷部教授也列举了《法兰西第五共和国宪法》中的相关条款，认为在法国的规定中对于紧急状态的定义十分严格。其条件是“当共和国制度、国家独立、领土完整或国际条约的履行，遭受严重且危急的威胁，致使宪法规定的公权力正常运作受到阻碍”。除此之外的情况，都不可以将其认定为紧急状态。但是，在这个自民党改宪案中提到的武力攻击、地震等，只是在举例说明，而不是必要条件。（第142页）

自民党的修宪草案因与《国家总动员法》相似而遭到广泛的反对。政府方面的研究小组表示，如果有正当理由，就不会拘泥于天数，重点是防止解散权和召集权的滥用，最高法院也不会宣布选举无效。长谷部指出，即便存在关于紧急状态法是否必要的讨论，目前自民党对这一问题的思考也是不合逻辑的，即从“无法完全预测会发生什么”到“因此应事先做好准备以应对任何情况”，再得出“赋予政府极其广泛的权力是危险的紧急状态条款”的结论。

针对在制定安全保障关联法案时，自民党所使用的政治宣传“安心的保障”——这一表达方式是由东京都立大学的木村草太（1980—　）提出的，长谷部认为，“安心的保障”是一个完全没有界限的定义。如果国民认可了这一做法，政府权限就可以无限度扩大。而石田则揭露了魏玛共和国与纳粹时代通过煽动不安实现权力集中的行径：煽动针对国内外状况的不安，将权限集中于强有力的领导手中，让政府权限扩大到惊人的程度，这不就是纳粹德国吗？“德意志帝国战败也好，魏玛共和国运作不顺也好，长期的经济不景气也好，这些全都是和平主义者、共产主义者、犹太人的阴谋，不是吗？大家觉得不除掉他们，能行吗？现在我们所需要的不是无法充分发挥作用的议会，而是强有力的领导，不是吗？”纳粹党不断地进行着这种政治宣传，终于实现了希特勒的独裁。在魏玛时期的德国，确实存在法国军队和比利时军队占领鲁尔区、与波兰的国境纷争等以及与各邻国之间发生武力冲突的危险。希特勒彻底地利用了这一情况，使社会舆论站在他这边。石田甚至认为：“现在日本的情况似乎也有与当时的德国相似的地方。”（第 169 页）

正因为如此，石田教授认为，“如今的自民党和公明党比独裁前夜的纳粹党更加过分。他们与‘得票率 = 民意’这一原则背道而驰，将‘议席占有率 = 在议会的权力’奉为真理。”（第 15 页）自民党可以根据情况行事，甚至连宪法也可能会被其肆意修改。在这种情况下，我们并不能排除可能会产生某种“主权独裁”的危险性。（第 147 页）

长谷部认为自民党要设立紧急状态条款，其目标是否定“尊重个人、认可多样生活方式”这一如今《日本国宪法》的根本，诱导国民选择对于“固有的文化”与“国家和故土”怀有自豪感的这种单一的“正确的生活方式”。这种否定诸如“天赋人权”——多元价值观的公平共存原则的思想，并非始于自民党，而是类似于日本江户时代的思想家本居宣长（1730—1801）所提出的“汉意”否定论。这位日本国学的集大成者认为，虽然古代中国的圣人们说仁义礼智信是十分珍贵的品质，但是日本人不需要这种东西。他们之所以这样说是因为中国人人性本恶，如果放任不管，就会一直自相残杀，因此才特意创造出了这一概念来让人们信服。与中国人相比，日本人都是纯朴且善良的人，都是天皇忠良的臣民，因此，即使日本人被放任不管，他们也能正确地、认真地生活。（第 171 页）有意思的是，石田从德国对法国革命理念的抛弃，认为在德国，自由、平等、友爱（博爱）这一法国大革命的理念也在很长一段时间内被视为“非德国的东西”，反西欧主义是德国民族主义的主要构成要素。希特勒政权的“国民革命”也作为对于法国大革命的“对抗革命”而受到称赞，西欧的普世价值与人权思想被公然否定了。正因为此，他认为，在自民党改宪势力中，也可以看到这一倾向。修宪草案是一个非常严重的时代错误。（第 172 页）

石田认为，如果对《魏玛宪法》进行反省，其教训正在于第四十八条的总统紧急措施权超越了其原本的主旨，特别是将国会不通过法案就认定是异常情况、紧急状态，然后开始滥用总统紧急措施权。以此为契机，停止宪法的“主权独裁”出现了。其实在希特勒独裁体制诞生之前，保守派的领袖们曾经寻求过“主权独裁”。（第 143 页）德国现行的《基本法》就是在详细研究了《紧急状态法》基础之上制定的，它能有效防止再次发生诸如希特勒上台以及走上独裁的道路的情况。石田教授强调要准确把握和研究日本的《紧急状态法》，特别是实施限制的框架，以及西方国家的案例，他们认为日本的紧急状态条款比德国更危险。（第 127 页及以下）

七、结论

一位宪法和公法专家以及一位德国近现代史专家，通过他们的对话告诉读者纳粹是如何以合法的方式建立起独裁统治，并且解析了纳粹政权的运作方式。尽管这段德国历史距离我们今天还不到一百年，但不论是在欧洲还是在东亚，大部分的民众已经很难了解其中的真相了。因此，重新普及纳粹是如何合法建立其独裁统治的，确实非常必要。

历史有其极其复杂性的一面，并没有一个单独的因素能够解释纳粹主义的兴起。魏玛共和国的兴衰史并非一种线性发展，多重因素在特定历史情景下的发展才形成了最终的结果。尽管我们需要防患于未然，但英国历史学家玛丽·富布卢克（Mary Fulbrook，1951— ）依然认为，对于一个十分常见的问题“这种情况还会再次发生吗”，答案就一定是几乎不可能。因为这些多重因素和特定的历史情景很难再以同样的方式结合。[1]

独裁也有吸引政治家和民众的方面，特别是在民主没有办法生效的紧急状态下。由于司法机构必须在三权分立中才能发挥作用，而一般来讲司法机构远离严重的政治问题，并且内阁有权任命最高法院法官，正因为如此紧急状态条款常常是异常危险的。

如果不正视战争罪行的历史，修宪的企图很可能会撇开宪法中规定的人民主权以及基本人权，成为通向独裁和强权政府之路。在紧急状况下，政府可以通过编造案件、监禁批评政权

1 Cf. Mary Fulbrook, *A Concise History of Germany*. Second Edition. New York, Cambridge: Cambridge University Press, 1991, p.156.

的政党和人士、对媒体实行审查等手段实现他们通过正常的手段达不到的结果。

20 世纪 70 年代，在德国，历史学开始对国家权力展开批判性的讨论。而且，其研究对象也从政治史、外交史扩展到社会史和人们的日常史。这一新的历史学也被称为“批判的历史学”，在其发展的过程中，不仅是犹太人，吉卜赛人、身心障碍者（纳粹医学犯罪的牺牲者）、同性恋者等此前被遗忘的纳粹犯罪的牺牲者们也被重新发现，德国政府对他们进行赔偿的道路也由此被开拓了出来。（第 193—194 页）德国总统魏茨泽克在 1985 年 5 月 8 日的演讲中说：“无论有罪无罪，无论年老年幼，我们所有人都必须承担过去。我们每个人都与过去相连，都对过去负有责任。”（第 195 页）而哲学家哈贝马斯的“宪法爱国主义”主张德国人应该热爱的“国家”，只有他们的宪法基本原理。哈贝马斯并没有打算守护施米特所设想的那个不可能存在的、一元的、均质的、优秀的德意志民族。（第 196 页）

相对于德国在战后反思历史的彻底性，两位作者也不断提到日本对待战争责任的遮遮掩掩。长谷部指出：“在战争结束后的半个世纪里，德国通过司法、政治家、思想家的努力，以及热情参与其中的年轻人发起的运动，关于‘如何面对历史’这一话题不断被积极讨论。与德国完全不同，日本却尽可能不去回顾自己在这场战争中给世界人民造成的伤害。日本社会与德国社会之间的差距，从这一点来看已经一目了然。”（第 197 页）他引用了信奉自由主义的美国政治学家罗尔斯（John Rawls，1921—2002）的说法：虽然可能会有人认为日本与纳粹德国所做的事情不是一个级别，但是，这并不是日本不反省

过去的借口。（第 198 页）

作为著名的法学家长谷部对此类紧急状态法有着自己的看法，他并不认为一般的民众都应当参与到此类的专业问题的讨论中去：

所谓国内政治的大问题，就是诸如如何对待宪法这类问题。如果一个国家的百姓每天不得不认真思考本国的宪法，这种国家是不幸的。这种事应该交给一部分专家来思考，百姓只需要思考自己工作上的事。工作结束后，和家人、朋友一起谈论晚餐的菜单或者自己所关心的足球队的比赛结果。这才是民主社会的标准状态吧。（第 210 页）

遗憾的是，不仅仅在日本，在世界上的很多国家，百姓每天依然要被动地去思考此类的“国家大事”。

参考资料 《波恩基本法》中的紧急状态条款及相关条款

正文第 112 页

第一百一十五 a 条

（一）对于联邦领域是否受到武力攻击或者此种攻击是否近在眼前（防卫状态）的确认，由联邦议会经联邦参议院同意后，作出决定。确认须基于联邦政府的请求，且应有半数以上联邦议会议员参与投票，其中至少有三分之二投赞成票。

（二）在必须立即行动时，若联邦议会因难以克服的困难而无法适时召开或无法议决时，则由联合委员会半数以上成员参与投票，且其中至少有三分之二投赞成票，进行确认。

（三）由联邦总统依据第八十二条于联邦政府公报公布确认结果。若无法以此方式及时公布，则以其他方式公布，之后待情况允许时，须立即补载于联邦政府公报。

（四）若联邦领域受到武力攻击，且拥有权限的联邦机关无法立即依据第一项第一句的内容进行确认时，则视为已确认，且在攻击开始之时就已公布该确认结果。联邦总统应于情况允许时，立即宣告该时间。

（五）在已公布确认防卫状态且联邦领域受到武力攻击时，联邦总统经联邦议会同意后，可就防卫状态的存在发表国际法宣言。在第二项的情形下，由联合委员会代替联邦议会。

第一百一十五 l 条

（一）经联邦参议院同意，联邦议会可随时废除联合委员会的法律。联邦参议院可要求联邦议会进行此项议决。此外，联邦议会及联邦参议院可废止联合委员会或联邦政府为防止危险而采取的措施。

（二）经联邦参议院同意，联邦议会可随时依据联邦总统公布的决议，宣布结束防卫状态。联邦参议院可要求联邦议会进行此项议决。当确认防卫状态的前提条件不再存在时，必须立即宣布结束防卫状态。

（三）关于和平条约的缔结，由联邦法律决定。

正文第 115 页

第三十五条

（一）联邦及各州政府机关应相互提供司法互助及职务互助。

（二）为维护或恢复公共安全或秩序，如遇特别重大事件，当各州警察在无联邦边境防卫队支援就无法完成任务或遇到明显困难时，各州可申请联邦边境防卫队人员及设备支援。如遇自然灾害或重大灾难时，各州可请求他州警力、其他行政机关、联邦边境防卫队及军队的人员及设备支援。

（三）当自然灾害或重大灾难危及两个以上的州时，为进行有效应对，联邦政府可在必要情况下，指示州政府使用他州警力，同时，为加强警力，联邦政府可派联邦边境防卫队及军队出动。联邦政府依据前句所采取的措施，如联邦参议院提出要求，则必须在危险排除后立即终止。

正文第 115 页

第八十七 a 条

（四）为防止危及联邦及各州存续或其自由民主基本秩序的危险，

在第九十一条第二项的条件成立，且警力及联邦边境防卫队不足以应对时，为使警察及联邦边境防卫队保护民间财物、镇压有组织的武装叛乱，联邦政府可动用军队对其进行支援。当联邦议会或联邦参议院提出要求时，必须停止动用军队。

第九十一条

（一）为防止危及联邦及各州存续或其自由民主基本秩序的危险，各州可申请他州警力、其他行政机关、联邦边境防卫队的人员及设备支援。

（二）当濒临危险的某州没有做好应对危险的准备或无法应对危险时，联邦政府可指挥该州警察及他州警察，并派联邦边境警卫队出动。该命令在危险解除后或联邦参议院提出要求时，必须解除。当危险危及两个以上的州时，为进行有效应对，联邦政府可在必要情况下，对州政府下达指示。在该情况下，第一句及第二句的内容不受其影响。

正文第 116 页

第八十一条

（一）若在第六十八条（注：联邦总理的信任动议被否决时）所述情形中，联邦议会未被解散时，联邦总统在联邦政府的请求下，经联邦参议院同意，可就某项联邦议会否决的、联邦政府表明为急案的法案，宣告立法紧急状态。若联邦总理提交该法案时，连同第六十八条动议一起提出，但仍被联邦议会否决时，亦同。

（二）若在宣告立法紧急状态后，联邦议会再次否决该法案，或联邦议会通过的法案为联邦政府所不能接受时，只要联邦参议院同意，则该法案被视为成立。若法案再次提出后四周内，联邦议会未予通过时，亦同。

（三）在联邦总理任期内，在第一次宣告立法紧急状态后六个月内，其他被联邦议会否决的法案也可依据第一项及第二项成立。上述期限届满后，在同一联邦总理任期内，不得再次宣布立法紧急状态。

（四）本基本法不得依据第二项成立的法律予以修改，使其丧失全部或部分效力，或停止适用。

正文第 117 页

第七十九条

（一）可通过对基本法内容进行明文修改或补充的法律，来修改本基本法。对于以讲和、准备讲和或解除占领法秩序为对象的国际条约或有益于联邦共和国防卫的国际条约，为确认基本法的规定不会妨碍条约的缔结及生效，对基本法条文予以上述补充即可。

（二）该法律需获得三分之二联邦议会议员同意及三分之二联邦参议院表决票数同意。

（三）对本基本法的修改不得影响联邦体制下各州的组成、各州共同参与立法，以及第一条与第二十条中规定的原则。

参考・引用文献

○整体相关

石田勇治編『図説ドイツの歴史』（河出書房新社）二〇一七年

高田敏・初宿正典編訳『ドイツ憲法集』〔第6版〕（信山社）二〇一〇年

初宿正典・辻村みよ子編『新解説 世界憲法集』〔第4版〕（三省堂）二〇一七年

選挙制度研究会編『選挙関係実例判例集』〔第十六次改訂版〕（ぎょうせい）二〇〇九年

長谷部恭男『憲法とは何か』（岩波新書）二〇〇六年

長谷部恭男『憲法と平和を問いなおす』（ちくま新書）二〇〇四年

○比较宪法

樋口陽一『比較のなかの日本国憲法』（岩波新書）一九七九年

樋口陽一『憲法 近代知の復権へ』（平凡社ライブラリー）二〇一三年

佐藤幸治『世界史の中の日本国憲法—立憲主義の史的展開を踏まえて』（左右社）二〇一五年

○紧急状况法制

梓澤和幸・岩上安身・澤藤統一郎『前夜—日本国憲法と自民党改憲案を読解く』（現代書館）二〇一五年

永井幸寿『憲法に緊急事態条項は必要か』（岩波ブックレット）二〇一六年

水島朝穂『世界の「有事法制」を診る』（法律文化社）二〇〇三年

Benda, Ernst: *Die Notstandsverfassung*, München 1968.

Schneider, Michael: *Demokratie in Gefahr? Der Konflikt um die Notstandsgesetze*, Bonn 1986.

○德国宪政史

岩間昭道『憲法破毀の概念』（尚学社）二〇〇二年
小林孝輔編『ドイツ公法の理論』（一粒社）一九九二年
田中浩『カール・シュミット（田中浩集 第三巻）』（未來社）二〇一四年
村上淳一『ドイツ法入門』（有斐閣）二〇一二年
ヴォルフガング・アーベントロート『西ドイツの憲法と政治』村上淳一訳（東京大学出版会）一九七一年
ライナー・ヴァール『憲法の優位』小川剛監訳（慶応塾大学出版会）二〇一二年
クリストフ・グズィ『ヴァイマール憲法—全体像と現実』原田武夫訳（風行社）二〇〇二年
ハンス・ケルゼン『民主主義の本質と価値—他一篇』長尾龍一・植田俊太郎訳（岩波文庫）二〇一五年
カール・シュミット『独裁—近代主権論の起源からプロレタリア階級闘争まで』田中浩・原田武雄訳（未來社）一九九一年
カール・シュミット『合法性と正当性』田中浩・原田武雄訳（未來社）一九八三年
カール・シュミット『現代議会主義の精神史的状況—他一篇』樋口陽一訳（岩波文庫）二〇一五年
ベルンハルト・シュリンク『過去の責と現在の法—ドイの場合』岩淵達治・藤倉孚子・中村昌子・岩井智子訳（岩波書店）二〇〇五年
カール・フリードリヒ・ベルトラム『ドイツ憲法と抵抗権』内田耕作訳（御茶の水書房）一九八一年
コンラート・ヘッセ『西ドイツ憲法綱要』阿部照哉・初宿正典・井口文男・永田秀樹・武永淳訳（日本評論社）一九八三年
Frotscher, Werner/Pieroth, Bodo: *Verfassungsgeschichte*, München 2015.

○魏玛共和国、保守革命

石田勇治「ヴァイマル末期の青年保守派—その思想と行動をめぐって」『西洋史学』第一四一号、一九八六年

田村栄子・星乃治彦編『ヴァイマル共和国の光芒—ナチズムと近代の相克』(法律文化社) 二〇〇七年

平島健司『ワイマール共和国の崩壊』(東京大学出版会) 一九九一年

クルト・ゾントハイマー『ワイマール共和国の政治思想—ドイツョナリズムの反民主主義思想』河島幸夫・脇圭平訳（ミネルヴァ書房）一九七六年

ハインツ・ヘーネ『ヒトラー独裁への道— イマール共和国崩壊まで』五嵐智友訳（朝日新聞社）一九九二年

デトレフ・ポイカート『ワイマル共和国—古典的近代の危機』小野清美・田村栄子・原田一美訳（名古屋大学出版会）一九九三年

ハンス・モムゼン『ヴァイマール共和国史—民主主義の崩壊とナチスの台頭』関口宏道訳（水声社）二〇〇一年

Blomeyer, Peter: *Der Notstand in den letzten Jahren von Weimar*, Berlin 1999.

Büttner, Ursula: *Weimar. Die überforderte Republik*, Bonn 2008.

Ishida, Yuji: *Jungkonservative in der Weimarer Republik: Der Ring-Kreis 1928—1933*, Frankfurt am Main 1988.

Winkler, Heinrich August (Hrsg.) : *Die deutsche Staatskrise 1930—1933. Handlungsspielräume und Alternativen*, München 1992.

○希特勒、法西斯主义、国会纵火案

石田勇治『ヒトラーとナチ・ドイツ』(講談社現代新書) 二〇一五年

山口定『ヒトラーの抬頭—ワイマール・デモクラシーの悲劇』(朝日文庫) 一九九一年

イアン・カーショー『ヒトラー—権力の本質』石田勇訳（白水社）一九九九年

イアン・カーショー『ヒトラー 上 傲慢 1889—1936』川喜田敦子訳（白水社）二〇一五年
イアン・カーショー『ヒトラー 下 天罰 1936—1945』福永美和子訳（白水社）二〇一六年
リチャード・ベッセル『ナチスの戦争 1918—1949—民族と人種の戦い』大山晶訳（中公新書）二〇一五年
ワルター・ホーファー『ナチス・ドキュメント』救仁郷繁訳（ぺりかん社）一九六九年
Hett, Benjamin Carter：*Burning the Reichstag*：*An Investigation into the Third Reich's Enduring Mystery*, Oxford University Press, 2014.

○ 战后德国史

井関正久『戦後ドイツの抗議運動—「成熟した市民社会」への模索』（岩波書店）二〇一六年
板橋拓己『アデナウアー—現代ドイツを創った政治家』（中公新書）二〇一四年
西田慎・近藤正基編『現代ドイツ政治』（ミネルヴァ書房）二〇一四年
三島憲一『戦後ドイツ—その知的歴史』（岩波新書）一九九一年
クリストフ・クレスマン『戦後ドイツ史 1945—1955—二重の建国』石田勇治・木戸衛一訳（未來社）一九九五年
ハンス・カール・ルップ『現代ドイツ政治史—ドイツ連邦共和国の成立発展』深谷満雄・山本淳訳（彩流社）二〇〇二年
メアリー・フルブルック『二つのドイツ—1945—1990』芝健介訳（岩波書店）二〇〇九年

○ 对过去的克服、记忆的文化

石田勇治『過去の克服—ヒトラー後のドイツ』（白水社）二〇一四年
石田勇治・福永美和子編『想起の文化とグローバル市民社会』（勉誠出版）二〇一六年
アライダ・アスマン『記憶のなかの歴史—個人的経験から公的演

出へ』磯崎康太郎訳（松籟社）二〇一一年
ノルベルト・フライ・佐藤健生編『過ぎ去らぬ過去との取り組み―日本とドイツ』（岩波書店）二〇一一年
ペーター・ライヒェル『ドイツ 過去の克服―ナチ独裁に対する1945年以降の政治的・法的取り組み』小川保博・芝野由和訳（八朔社）二〇〇六年
リヒャルト・フォン・ヴァイツゼッカー『新版 荒れ野の40年』永井清彦訳（岩波ブックレット）二〇〇九年

图书在版编目(CIP)数据
纳粹“骗局”与紧急状态条款 / (日) 长谷部恭男，(日) 石田勇治著 ; 毕梦静译. -- 上海 : 上海译文出版社，2025. 5. --(译文坐标). -- ISBN 978-7-5327-9774-5
Ⅰ. K516. 44
中国国家版本馆 CIP 数据核字第 2025PZ7058 号

纳粹“骗局”与紧急状态条款
[日]长谷部恭男　石田勇治 著　毕梦静 译
责任编辑/薛　倩　装帧设计/胡　枫

上海译文出版社有限公司出版、发行
网址：www. yiwen. com. cn
201101　上海市闵行区号景路 159 弄 B 座
苏州市越洋印刷有限公司印刷

开本 787×1092　1/32　印张 8.5　插页 3　字数 122,000
2025 年 5 月第 1 版　2025 年 5 月第 1 次印刷
印数：0,001—6,000 册

ISBN 978-7-5327-9774-5
定价：45. 00 元

译文坐标

001

《买房让日本人幸福了吗？》

作者：［日］榊淳司　　译者：木兰

定价：38 元　　出版时间：2022 年 7 月

公寓楼房这一钢筋混凝土结构住宅真正开始进入日本人生活是在约六十年前，而今已成为大都市的主流住宅形态。然而，随着住户的高龄化与建筑物的老朽化，越来越多的问题开始出现，甚至在你还清房贷之前它就有可能沦为废墟。此外，周而复始的房产泡沫、郊外新建公寓十年后折价一半、高层建筑的安全隐患、缺少业委会民主监督导致物业管理者肆意侵占房屋维修基金……住房如何才能使人幸福？从业三十年的日本资深房产顾问为你解读这些鲜为人知的问题，揭开房产中介绝不愿意透露的行业机密。

002

《医疗再生——日美现场报道》

作者：［日］大木隆生　　译者：谭甜甜

定价：36 元　　出版时间：2022 年 7 月

这是一个颠覆“白色巨塔”的热血外科医生故事。

他孤身赴美，从无薪的实习医生成为年薪过亿的明星医生。

为寻回诊治同胞的心动感，他放弃高薪回国，接手了陷入绝境的母校医院外科，并在短短几年间，将日本的血管外科提升到国际先进水平。

日美医疗体系对比、医务人员过劳现状、医疗事故调查制度……“拯救医患关系”的改革从何而生？在本书中，你将倾听到世界级名医大木隆生从手术室现场发出的声音。

003

《“废除文科学部”的冲击》

作者：［日］吉见俊哉　　译者：王京、史歌

定价：38 元　　出版时间：2022 年 7 月

2015 年，日本国内传出文部科学省要“废除大学文科学部”的消息，一石激起千层浪，引发了社会震荡。尽管最终证明只是虚惊一场，但也让不少有识之士重新审视了日本社会长期以来重理轻文的问题，其中影响力最大的莫过于前东京大学副校长、著名社会学家吉见俊哉的这部著作。

大学只是用来培养精致的利己主义者的地方吗？18 岁、35 岁、60 岁，人生三次入大学分别能学到什么？在日新月异的未来社会中，什么样的人才不会落伍？……本书将围绕上述问题逐一回答，彻底颠覆“文科无用”的社会“常识”。

004

《吸血企业——吃垮日本的妖怪》

作者：［日］今野晴贵　　译者：王晓夏

定价：38 元　　出版时间：2022 年 7 月

在日本，人们将那些以少到让人无法规划未来的薪资和让私生活崩溃的超时劳动来压榨年轻人，并将他们“用后即弃”的无良公司称为“吸血企业”。其常见特征有：大量录用大量解雇、夸大薪资待遇、正式员工有名无实、战略性地进行职场霸凌、不支付加班费……它们不仅破坏了员工的身心健康与雇佣双方之间的信任，也向社会转嫁了成本，威胁到消费者和市场的安全，影响恶劣深远。要遏制这一现象需要全社会的共同努力。

本书是日本知名的社会学者、劳动关系专家今野晴贵的代表作，曾获 2013 年大佛次郎论坛奖和 2014 年日本劳动社会学会奖励奖。

005

《人类世的“资本论”》

作者：［日］斋藤幸平　　译者：王盈

定价：45 元　　出版时间：2023 年 6 月

85 后天才经济学家斋藤幸平代表作，打破“经济增长”的魔咒，在危机时代重新发现马克思。

物种灭绝、生态污染、二氧化碳超标……现代化带来的经济增长曾许诺我们富裕，实则不断透支人类的生存资源。超富裕阶层或许还能维持奢侈，我们绝大多数平民却不得不拼命寻找活下去的方法。要在资本主义的尽头找到突破，需要回到马克思，尤其是在与生产力至上主义和欧洲中心主义诀别的马克思晚年思想中，重新发现“可持续性”和“社会平等”实现的可能性。在环境危机刻不容缓的当下，“去增长共产主义”这唯一可行的选项终于浮出水面。

006

《后工作时代》

作者：［英］菲尔 · 琼斯　　译者：：陈广兴

定价：38 元　　出版时间：2023 年 8 月

比“狗屁工作”更可怕的，是“工作”本身的分崩离析！

从无人驾驶汽车到图像搜索，数字经济突飞猛进的背后，是少有人知的暗箱劳动——处理大量数据不是 AI，而是通过网络远程接单的贫困人口。系统不再创造有发展前景的新工作机会，也不再推动生产力进步。廉价的人类劳工变成人工智能的末端，从事最枯燥重复的外包工作，还得不到正式聘用的保障。本应照亮我们世界的工具正在将我们扔进技术引发的新的蒙昧之中，并最终陷入野蛮状态。

我们是如何走到今天这一步的？如何才能阻止终极噩梦的降临？

007

《没有面目的人》

作者：[美] 理查德 · 桑内特　　译者：周悟拿

定价：42 元　　出版时间：2023 年 11 月

讲究个人品格、相信工作的意义、不断提高技艺并成为不可替代的行家已经是上一代的传说。而在心浮气躁、只顾眼前的现代社会中，“谁需要我”成了一个受到巨大挑战的问题。现代资本主义散发着冷冰的气息，对人们的努力无动于衷。每个人都被设计成可以被替代的，也因此没有任何理由被需要。在这个让我们漂浮不定的资本主义制度中，如何找回我们对工作的掌控权？

与阿伦特、哈贝马斯齐名的公共生活研究者桑内特与你一起探讨打工人的困境与出路。

008

《日本人为什么不再被狐狸骗了？》

作者：[日] 内山节　　译者：熊韵

定价：38 元　　出版时间：2024 年 10 月

过去，日本凡有狐狸栖居的地方，必然流传着许多“狐狸骗人”的故事，然而以 1965 年为界，此类故事突然销声匿迹了。这是为什么呢？

人会被狐狸骗的时代究竟是什么样的？那时的人拥有怎样的精神世界，又是如何在与自然的交流中度日？身处现代的我们也许已经无法想象了。从何时起，我们再也听不到“自然”的声音了？是“狐狸”变了，还是“人”变了？在不断拷问“为何不再被狐狸骗了”的过程中，我们得以从一般的历史学出发，深入往日的人与自然的交流史和民众的精神史，重新捕捉那些“看不见的历史”。

009

《夏娃——关于生育自由的未来》

作者：[加] 克莱尔 · 霍恩　　译者：周悟拿

定价：45 元　　出版时间：2025 年 3 月

人造子宫，解放女性的福音，还是通往“美丽新世界”的噩梦？从生育权到生育正义，科技创新背后的伦理难题如何解决？母性与女性的角色将被如何重塑？亲子关系的纽带又将迎来怎样的挑战？

这一切，我们真的已经做好准备了吗？

入围2023年加拿大图书奖 科学写作与传播者长名单

一位法律学者对生育伦理与未来的深刻审视

010

《纳粹“骗局”与紧急状态条款》

作者：[日] 长谷部恭男、石田勇治　　译者：毕梦静

定价：45 元　　出版时间：2025 年 5 月

魏玛宪法的漏洞如何铺就通往第三帝国之路？纳粹“合法确立独裁体制”的神话如何造就？用于保护国民的紧急措施权，为何屡屡变成执政者架空宪法的工具？从“例外状态”到“主权者决断论”，现代立宪主义理论的漏洞何在？

日本宪法学权威与纳粹德国研究前沿学者的跨学科巅峰对谈

打破“常识”滤镜，还原历史真相